# QU'EST-CE

## QUE

# LA LIBERTÉ DE LA PRESSE,

### SELON L'ARTICLE VIII

### DE LA CHARTE CONSTITUTIONNELLE?

*Tous les Exemplaires non signés seront réputés contrefaits.*

IMPRIMERIE DE CHANSON.

# QU'EST-CE

## QUE

# LA LIBERTÉ DE LA PRESSE,

### SELON L'ARTICLE VIII

### DE LA CHARTE CONSTITUTIONNELLE?

#### OU

### QU'EST-CE QUE L'EXISTENCE PHYSIQUE, MORALE ET POLITIQUE?

Question dont la solution positive conduit naturellement à l'examen des dispositions de la Charte constitutionnelle, sur la Liberté et la Propriété individuelles.

## PAR SOULETY.

---

Les Français ont le droit de publier et d'imprimer leurs opinions, en se conformant aux lois qui doivent réprimer les abus de cette liberté.

*Charte constitutionnelle, art. VIII.*

---

## DEUXIÈME ÉDITION.

# A PARIS,

## CHEZ CHANSON, IMPRIMEUR-LIBRAIRE,
### Rue et maison des Mathurins, n° 10;

## ET CHEZ LES MARCHANDS DE NOUVEAUTÉS.

1814.

# AU ROI.

**SIRE,**

Si avec des intentions pures, un cœur sincère qui a tressailli de la joie la plus vive au retour des Bourbons et de la liberté, on peut errer, on ne peut du moins rester indifférent lorsqu'on croit apercevoir de grandes erreurs, qui se sont glissées ou menacent de s'introduire dans la législation fondamentale.

Ici le premier pas à faire, c'est d'avoir une pleine confiance dans le Chef de l'Etat, de le croire le plus intéressé à prévenir les révolutions, et travailler avec un zèle patriotique à défendre ces mêmes lois contre leurs plus grands ennemis, les imperfections qu'elles peuvent renfermer.

SIRE! ce pas j'ai osé le faire, avec ce saint zèle qui

m'anime pour ma Patrie et pour VOTRE AUGUSTE PER-
SONNE, *qui en est le sauveur.*

SIRE ! *j'oserais demander à* VOTRE MAJESTÉ *de se
faire faire un rapport spécialement sur le* Chapitre III *de
la seconde Partie de mon Ouvrage.... mais qui redira
à mon Roi tout ce que j'ai éprouvé le besoin de lui dire,
s'il ne me lit lui-même ? Il n'en aura pas le temps . . . . .
Que je suis malheureux !*

SIRE ! *au nom de cette France qui vous est si chère,
au nom de vous-même, de qui il ne dépend point de ne
pas travailler à votre propre conservation, puisque le repos et la stabilité de votre grande famille en dépendent,
daignez, ô daignez lire mon* Chapitre III, *ainsi que les*
pages 100, 101 et 117. *Ce langage pourra paraître extraordinaire, mais il est celui de l'amour de la Patrie
et du Roi, il est sincère.*

Je suis avec le plus profond respect,


SIRE,

DE VOTRE MAJESTÉ,


Le très-humble, très-obéissant
et très-sincère serviteur

SOULETY.

*Paris, le 11 Juillet 1814.*

# PRÉFACE.

———

A LA publication de la nouvelle Constitution, on agite partout la question : si, d'après l'art. VIII, relatif à la liberté de la presse, la censure sera maintenue ? et, dans ce cas, quels seront ses effets ?

Et moi je demande, à mon tour, s'il y a une censure pour les actions de l'esprit, n'y en aura-t-il pas une aussi pour les actions du corps, cent fois plus difficiles à réprimer ? Plus difficiles à réprimer, en ce qu'on peut me voler ma bourse, mon cheval, mes effets les plus précieux, sans qu'il reste nulle trace du délit ; tandis que vous ne pouvez imprimer votre opinion qu'il n'en reste une preuve matérielle, l'écrit imprimé, lequel étant assujetti à ne paraître qu'avec le nom de l'auteur, ou de l'imprimeur, vous fournit toujours un répondant au moins. L'écrit est-il imprimé sans aucun nom, c'est-à-dire *clandestin*, et par ce seul fait répréhensible ? le débitant entre les mains de qui il est trouvé est punissable.

Or, si les actions corporelles sont cent fois plus difficiles à réprimer que les actions de l'esprit, pourquoi aurait-on, pour celles-ci, une censure destinée à prévenir les délits, à les réprimer, ou plutôt à les punir avant qu'ils soient commis ? Car vous punissez sans doute l'auteur qui a passé la moitié de sa vie à faire un ouvrage, que vous l'empêchez d'imprimer : tandis qu'il n'y a point de censure pour les actions corporelles, que les tribunaux punissent seulement lorsqu'elles sont commises.

C'était le contraire à Rome, où il y avait des censeurs des mœurs, des actions; mais on n'a jamais ouï dire qu'à Rome ni dans la Grèce l'on ait censuré, condamné les ouvrages de l'esprit.

Le seul SOCRATE a été condamné, dans l'antiquité, pour ses opinions, comprises ou non! Et ce jugement remplit aussitôt toute la Grèce de regrets et Athènes de remords, couvrit, aux yeux des Athéniens et de la postérité, les trente tyrans d'Athènes et le délateur du martyr de la Sagesse, ce vil *Mélitus*, d'un opprobre éternel.

SOCRATE a été condamné pour ses opinions!... Oserons-nous encore juger des opinions, avant même qu'elles aient été émises, qu'elles aient passé au creuset de l'opinion publique? Qui doit servir naturellement à leur appréciation, puisque c'est de leur seul effet, sur cette opinion publique, que doit résulter leur qualification de bonnes ou mauvaises.

Le jugement de SOCRATE est une preuve irrécusable de l'assertion de Laubardemont : que, dans une ligne la plus indifférente, il trouverait un corps de délit suffisant pour faire périr celui qui l'aurait écrite.

Rappelons-nous que Montesquieu fut plusieurs années sans être entendu en France; que le Journal ecclésiastique écrivit deux feuilles pour en prouver l'hérésie; qu'ainsi sont expatriés d'immortels chefs-d'œuvres, pour aller enrichir les presses étrangères; qu'enfin ce furent les Allemands qui nous apprirent que nous avions un écrivain supérieur de plus. Alors les anathèmes cessèrent pour faire place à une admiration générale. Eh! nous jugerons encore les opinions!

Les Anglais subsistent, et même sont aussi heureux que nous, ainsi que les États-Unis d'Amérique, la Suisse, la Hollande, etc., etc., sans condamner, ni même s'ingérer de juger les opinions magistralement. Ou peut-être est-ce pour cela même que ces États sont plus heureux.

C'est ce que je me propose de démontrer dans cet opuscule, ce qui nous amènera naturellement à expliquer l'art. VIII de la Charte constitutionnelle, et nous fournira des moyens réels d'apprécier ce qui doit nécessairement en être l'esprit et le sens grammatical.

Je divise cet ouvrage en trois parties :

Dans la première, je parlerai de la liberté de la presse en général;

Dans la seconde, j'en ferai des applications aux divers cas de la politique, à la liberté individuelle, au respect des propriétés;

Dans la troisième, j'en ferai une application plus immédiate au bonheur général ;

D'où sortira naturellement enfin l'explication de notre article controversé.

Je dois déclarer ici que je ne connais point l'administration actuelle de la librairie; que je n'écris par aucune animosité particulière; que mon seul but est d'arrêter ou de prévenir des abus qui peuvent devenir mortels pour le corps politique.

L'expérience prouvera, ou plutôt elle a déjà prouvé que vouloir gouverner l'opinion, c'est une chimère. Buonaparte l'a violentée pour la monter contre l'Angleterre; et il a fini par déclarer *qu'elle était faite en Europe par l'Angleterre!* Grande preuve, qu'il n'est qu'un seul moyen de la diriger : c'est de bien faire. Titus, Trajan, Marc-Aurèle n'en connurent point d'autre. Croira-t-on que ce n'était pas, je ne dirai point d'aussi bons, mais d'aussi habiles monarques que Buonaparte?

# PREMIÈRE PARTIE.

_____

## *Qu'est-ce que la Liberté de la Presse?*

Cette question, dans l'état de nos mœurs, de nos lumières, en un mot dans le siècle actuel, dans lequel il ne dépend pas de nous de ne pas être, est sans doute une des plus importantes qui puissent s'agiter pour l'ordre public, surtout si, comme je le crois, il n'y a de véritable ordre public que sous un régime libéral de fait comme de nom.

Qu'est-ce que la liberté de la presse? Qu'est-ce que la liberté en général? La liberté de la presse n'est-elle pas une conséquence immédiate, ou plutôt une partie essentielle de la liberté générale? de ce régime libéral adopté pour base de notre droit public.

Si ce régime s'applique à tout, régit tout, ne doit-il pas nécessairement et surtout s'appliquer à la presse? Si l'on proclame une liberté générale, moins pour la presse, moins pour tel objet, moins pour tel autre, et puis pour tel autre, les exceptions finiront par emporter la règle; et nous aurons une liberté de nom, et un esclavage de fait. Sous le gouvernement renversé, cela a été assez la coutume, sans que nous nous y soyons accoutumés.

Il est vrai qu'on nous disait que ce n'était pas la liberté proprement dite qu'on voulait nous donner, mais des *idées libérales*. J'avoue que je n'entends pas grand' chose à ce langage mitigé, et qu'il me paraît tellement fardé, qu'il dérobe la véritable physionomie des objets auxquels il se rapporte.

Qu'est-ce que *libéral ?* C'est une épithète qui signifie qui aime à donner ; et, appliquée aux idées, elle signifie qu'elles sont nobles et libres. Or ce n'est pas dans le premier sens que vous entendez la chose, assurément : car jusqu'ici vous n'avez certes pas voulu établir un régime qui ait pour objet de donner, mais bien de prendre. Si on n'y avait pas eu l'œil, qu'allaient devenir les biens nationaux affectés à la dotation du Sénat ? Pour consolider un gouvernement paternel, pour lui donner une base certaine et *palpable*, vous commenciez par *conserver* cela à votre manière.

Je sens bien votre raisonnement (sans le goûter néanmoins) ; il faut un Sénat : beaucoup de veuves, d'enfans de défenseurs de la patrie sont sans pain, leur misère est à son comble ; mais il y a une grande différence entre un défenseur de la patrie et un Sénateur ; elle est telle, qu'on pourrait dire qu'ils n'ont rien de commun ensemble : les uns la défendent, les autres la commercent. Et l'on ne dira pas que ce soit contraire aux principes, puisqu'il y en a un, en économie politique, qui établit que plus il y a de choses dans le commerce, ou moins il en sort, plus c'est favorable au bien public, à la prospérité générale. Objectera-t-on que la patrie se compose d'hommes, que les hommes ne sont point des *choses ;* qu'il n'y a que les esclaves romains qui aient été réputés tels ? On répondra que cela dépend de la manière de voir.

Mais s'il faut disputer et décider à la pluralité des voix ou des bras qui sera homme, qui sera chose, qui croyez-vous qui soit chose ?.....!!!

Voyez où les aberrations, la subversion de l'ordre

naturel nous entraîne! Il n'y a de société bien ordonnée que celle qui suit dans ses institutions l'ordre
de la nature. Elle a créé des êtres qui, tant qu'ils
auront tous une âme, deux bras, deux jambes, la
même face, et seront la noble image de Dieu sur la
terre, passeront pour être de la même espèce, quelle
que soit l'irréligion, l'inhumanité, le charlatanisme
anti-social qui voudraient persuader le contraire.

Or, lorsque ces êtres de la même espèce, que j'appelle *tous* des hommes (excepté ceux qui voudraient
manger les autres, que j'appelle par leur nom, des
anthropophages) se mettent en société, c'est-à-dire
lorsqu'ils rédigent un pacte social, c'est pour qu'il
contienne la *distribution des pouvoirs* et la *garantie des
droits.*

La délégation des pouvoirs doit suivre, aussi bien
que la garantie des droits, l'ordre de la nature, qui
a créé l'homme perfectible. Or comme cette perfecti-
bilité n'est pas la même chez tous les individus, ils
ne peuvent tous arriver à la même perfection. La
société, respectant l'ouvrage de la nature, doit distinguer celui que celle-ci a distingué dans ses œuvres,
dont le secret appartient à la seule Providence. C'est
ainsi qu'elle créera législateur, roi, magistrat, administrateur, ceux qui auront été l'objet de ses souveraines
faveurs.

Ces faveurs de la nature envers quelques individus
sont des inégalités naturelles; mais elles ne détruisent
pas l'égalité des droits politiques, comme l'ont voulu
faire croire quelques esprits faux, sophistiques ou de
mauvaise foi, et comme l'ont cru quelques esprits
superficiels, incapables d'examen et de jugement. Ces
faveurs de la nature donnent lieu à des faveurs so-

ciales; ou plutôt la société, pour l'utilité commune, choisit de préférence le plus parfait, c'est-à-dire le plus intelligent, le plus éclairé, le plus actif, le plus courageux, comme étant le plus capable de discerner le juste de l'injuste, de ne pas se laisser détourner de la voie droite, et en un mot le plus propre à bien gérer une partie de la chose publique ; car, pour ne pas trop l'exposer, il ne faut jamais qu'un seul en soit entièrement l'arbitre, à moins qu'il ne fût un dieu, exempt de faiblesses et d'erreurs; mais comme sous ce rapport tous les hommes sont hommes, prenons, au lieu d'un, plusieurs dépositaires responsables de cette chose publique, entre les mains de qui elle sera répartie selon une sage balance.

Or, dis-je, ces faveurs de la nature, qui servent de base aux distinctions que la société établit pour son utilité, ne détruisent pas l'égalité naturelle des droits politiques, bien loin de là. Je dis l'*égalité naturelle*, parce qu'il est certain que si la nature ne créa pas tous les hommes avec les mêmes avantages physiques et intellectuels, il est certain aussi, et plus certain encore, qu'ils sortent *tous* de ses mains, et qu'elle ne les a créés que pour qu'ils existent, ou parcourent le cercle de leur durée avec la plus grande somme de bonheur possible. De là l'instinct insurmontable à la sociabilité, et l'horreur qu'elle a imprimé dans le cœur de l'homme pour la destruction de son semblable. Il faut qu'un homme soit déjà bien corrompu, c'est-à-dire bien dénaturé, pour devenir le dévorateur d'autres hommes.

Enfin, si la nature donna en même temps à chaque homme l'instinct propre à sa conservation, en le portant à la sociabilité, et en lui inspirant l'horreur de la destruction de son semblable, on est forcé d'en conclure que tous ont un droit naturel aux droits politiques qui concourent le plus immédiatement à cette conservation. La société, en établissant cette égalité de droits essentiels à la conservation de l'homme, ne fait que suivre la nature, qui lui indique le but de son institution, la conservation et le bonheur de tous ses membres.

Or ces droits essentiels, nécessaires, inhérens au but de toute société politique, la conservation et le bonheur de ses membres, quels sont-ils ? ce sont sans contredit la liberté d'*agir* et de *parler* ; puisque ce n'est que par ces deux facultés que je me procure ce qui est nécesaire à mon existence, et que j'éloigne les dangers qui la menacent.

Hé bien! le boiteux, le bossu, le borgne, le pauvre comme le riche, n'ont-ils pas un droit égal à cette liberté d'*agir* et de *parler* que la société garantit à tous ? Qu'on ne dise donc pas que les inégalités naturelles détruisent l'égalité des droits politiques. Au contraire, celle-ci est une suite de celles-là : c'est parce qu'il y a des inégalités naturelles que la justice, qui est aussi dans la nature, selon moi, a établi l'égalité des droits politiques pour protéger le faible contre le fort, le pauvre contre le riche, en un mot pour conserver toutes et chacune des créatures humaines sorties des mains de la nature, dans l'ordre de laquelle tout est utile, tout a une destination spéciale.

Ces principes immuables éclaircis au flambeau des lumières naturelles, la conscience, ces droits inaliénables établis et reconnus, demandons-nous quelle sera la limite de ces deux facultés inhérentes à l'existence, l'*action* et la *parole*.?

Il faut, d'un côté, que la société ait la garantie que l'on n'agira et que l'on ne parlera pas contre l'ordre général et contre l'intérêt de chacun de ses membres ; cette garantie est dans la responsabilité qui pèse sur la tête de chacun, relativement à ses actions et à ses discours.

Mais ce n'est pas tout ; ce n'est que la moitié de la chose : il faut, d'un autre côté, voir les individus. Effectivement la personne collective que nous appelons la société est une des parties, la personne individuelle de chacun de ses membres qui a contracté avec elle est l'autre partie. Celle-ci réclame aussi des garanties pour ses droits, la liberté d'agir et de parler, ce qui constitue la liberté individuelle, qui ne peut être troublée que dans le cas de délit. C'est un principe consacré par le droit public de tous les peuples civilisés.

Si donc vous venez m'arrêter chez moi le matin, au moment où je vais sortir pour me procurer ma subsistance et celle de ma famille, au moment d'aller parer à de grands dangers, si vous m'empêchez d'agir, de marcher, sous prétexte que je pourrais faire quelque mauvais pas, que je pourrais faire du mal, vous attentez à ma liberté individuelle, vous commettez le plus grave délit de ceux que réprouve l'ordre social. Si je fais le mal, faites-moi punir ; la loi a prévu les divers délits ; faites-moi subir l'effet de la disposition pénale qui s'applique à celui que j'aurai commis. Mais comment voulez-vous le classer, le juger, le punir avant qu'il existe ? lorsqu'il n'a de réalité que dans votre prévoyance subversive, cent fois plus funeste, en ce qu'elle est d'un arbitraire illimité, un abîme sans fonds, cent fois plus funeste, dis-je, que les délits que vous voulez empêcher, punir par une espèce de devination. C'est ainsi qu'en voulant les prévenir vous en commettez un bien grand; car enfin, si je n'avais pas de mauvaises intentions, c'est un attentat d'avoir détruit ma liberté individuelle, ne fût-ce que pendant une minute; c'est un attentat, puisque la loi me présume innocent jusqu'à ce que je sois déclaré coupable. Eh! vous me déclarerez tel sur de prétendues intentions qu'il vous plaira, à vous ou à un ennemi, de me supposer! Mais cela revient aux preuves morales de Robespierre, reconnues suffisantes pour entraîner la condamnation, c'est-à-dire, cela revient au plus odieux despotisme.

Si l'on ne peut donc pas m'empêcher de marcher sous le prétexte supposé que j'agirais pour faire le mal, on ne peut pas non plus, sous un pareil prétexte, m'empêcher de parler, sauf à moi à répondre de l'effet de mes discours.

La société a sa garantie dans la responsabilité formelle imposée à chaque auteur relativement à l'effet de ses écrits. S'ils attentent à l'ordre public, calomnient les magistrats ou les particuliers, l'auteur est responsable et punissable, pour ce délit, comme pour celui d'avoir frappé quelqu'un corporellement, ou de lui avoir dérobé son bien. Et cette garantie ne peut être équivoque; elle l'est même moins que celle relative aux autres délits, en ce que les lois imposent l'obligation de ne publier aucun écrit sans le nom de l'auteur ou de l'imprimeur, on est assuré de savoir à qui s'en prendre; ce qui est loin d'être ainsi pour les autres délits. Si l'on me dérobe ma bourse, mon cheval, je puis retrouver l'un et l'autre, sans cependant pouvoir convaincre le voleur qui aura pris les précautions nécessaires pour se dérober aux recherches du propriétaire. Mais si je suis calomnié par un écrit, je saurai toujours sûrement à qui m'en prendre, aucun ne pouvant paraître sans un nom qui sert de garantie, soit celui de l'auteur ou de l'imprimeur. Eh! c'est pour les délits qui exigent le moins de précautions que l'on en prendrait davantage!

L'Angleterre, plus conséquente, en établissant la liberté de la presse, lui a donné une garantie certaine; elle n'a pas voulu que cette censure publique fût illusoire, elle a senti que, destinée à faire rougir le crime, souvent à démasquer le crime puissant (c'est pour cela que beaucoup n'en veulent pas), souvent aussi à le prévenir par la force de l'opinion, de l'esprit public, pour avoir son efficacité, il lui fallait une entière indépendance, c'est-à-dire qu'il fallait que la liberté de la presse fût elle-même. Ainsi, à côté de la *responsabilité des auteurs*, qui donne une garantie certaine à la société et à chacun de ses membres, elle a établi pour indispensable contre-poids *la liberté de publier tout écrit sans être assujetti à aucune inspection préalable.*

Cette garantie, qui dispense de toute inspection *préalable*, sans laquelle c'est une sanglante dérision de parler de la liberté de la presse, était établie aussi par la Constitution de 1791, titre 1er. Cette garantie existe où il n'y a pas de liberté de la presse, ne nous faisons pas illusion! N'espérons pas trouver des censeurs assez exempts de faiblesses pour n'être jamais partiaux, assez infaillibles pour ne pas se tromper, ne pas faire subir d'avance l'effet d'un délit qui n'existe que dans leur jugement erroné, et dont personne n'a qualité pour m'en faire appliquer la peine que la personne lésée, soit la société, soit tel de ses membres que j'aurais injustement attaqué. Mais comment peut-on punir l'effet de la manifestation de ma pensée avant qu'elle ait fait effet, qu'elle ait été mise au jour?

Eh! peut-être que ce que vous croyez préjudiciable, *et qui ne peut jamais l'être impunément*, serait dans le cas d'opérer le salut public. Bien plus, si je censure, c'est-à-dire si je critique les actes de l'autorité, si en cela je me montre son plus véritable ami, en lui découvrant le précipice que les flatteurs, espèce qui pullule, lui cachent, puis-je espérer que le censeur soumis à cette même autorité, souvent faisant partie de ces flatteurs dont les principales armes sont les éteignoirs qui étouffent les lumières, et empêchent par-là leurs rayons vivifians de se répandre; puis-je espérer, dis-je, qu'ils ne séviront pas contre moi, et qu'ils ne traiteront pas comme suspect le mieux intentionné des hommes? Ce mot de suspect, pour suppléer au défaut de délits, est le cheval de bataille de tous les gouvernemens despotiques, qui surtout craignent les réverbères. Voilà pourquoi Robespierre et Buonaparte ne voulaient pas de la liberté de la presse, tout en la consacrant en principe! voilà comment avec des mots de rubriques, si faciles à trouver, et qui n'ont pas même le mérite d'en imposer au moins clair-voyans, on vous bâillonne, on vous empêche de faire luire la vérité, de dévoiler les abus, de préserver souvent la patrie des plus grands désastres, peut-être même de la sauver; mais, dans l'âme de quelques hommes qui ne l'aiment pas, leurs passions passent bien avant la patrie; pauvre pupille que, pour son bien, il faut toujours tenir sous la tutelle la plus rigoureuse.

J'ai dit que la liberté de la presse pouvait sauver

2.

la patrie. Eh! qui doutera de cette vérité? celui seul qui ne connaît de force que les forces physiques, que la puissance des baïonnettes. Grande erreur!

Si au moment où je vais tomber dans un précipice affreux, que mon défaut d'attention ou la faiblesse de ma vue, ou parce qu'on ne peut tout voir, m'empêchait de distinguer, ou que souvent encore l'on aura creusé sous mes pas avec tant de perversité qu'il sera inostensible; si plusieurs... si un seul de mes concitoyens vient mettre sous mes yeux le flambeau sauveur, qui me montre l'horreur de mon sort si j'avais fait un pas de plus, qu'on ne dise pas que cette lumière qui chasse d'autour de moi les épaisses ténébres, où j'étais fatalement plongé, ne m'a pas sauvé; qu'on ne dise pas qu'elle ne peut pas également sauver la patrie en bien des cas, aussi bien et mieux même que la lumière ou plutôt que la flamme homicide et dévorante de la poudre à canon.

Tout a son usage et une utilité qui lui est propre, pourvu qu'il ne soit pas dénaturé. Mais, si pour modifier l'effet de la poudre à canon, vous y mettez un peu d'eau, vous anéantissez cet effet, et exposez ceux qui croyaient pouvoir en faire usage à tomber sans défense, victimes de votre vaine prudence... Tout a son usage, pourvu qu'il ne soit pas dénaturé : il n'y a que le despotisme qui est toujours sans utilité, qui, au contraire, est toujours une source intarissable de maux, alors même, peut-être alors surtout qu'il paraît faire le bien.

Quelquefois il distribuera les dons et les richesses à pleines mains...; mais d'où viennent ces richesses, et à qui les prodigue-t-on? N'est-ce pas l'argent de tous, n'est-ce pas souvent le denier de la veuve, la substance de l'orphelin, donnés en contribution pour le bien public, que le despote distribue à des favoris, souvent à des complices qui lui livreront la patrie et les lois à discrétion...! à des complices, chez qui la soif de l'or croissant avec l'or, qui trouveront des moyens de créer sans cesse de nouveaux impôts, allant jusqu'à imposer la pensée : bien assurés que le despote sera obligé de leur distribuer le fruit de leurs rapines, sans compter celui de leurs vexations?....

Quelquefois le despotisme parlera d'union et de concorde; pour vous porter à des sacrifices que *tous* feront; mais que les uns recouvreront bientôt par les faveurs accordées à un parti à l'exclusion de l'autre, qui, loin d'en obtenir en proportion, n'en obtiendra que de rares et par forme, que l'on fera valoir comme une faveur spéciale, accordée en quelque sorte contre la règle que toutes les faveurs doivent se concentrer sur telle livrée, blanche ou noire, à l'exclusion de telle autre, blanche, rouge, bleue, ou sur celle-ci, à l'exclusion de l'autre.

Quelquefois il entreprendra des guerres lointaines, ruineuses, homicides, sous prétexte d'étendre votre commerce, d'humilier un ennemi superbe et exclusif; tandis, ô perfidie digne de l'enfer! qu'il n'aura en vue que de vous faire périr, de vous sacrifier à son ambition meurtrière, de vous affaiblir sous tous les rapports, en vous soutirant jusqu'au dernier sou, en faisant immoler jusqu'au dernier défenseur de la patrie, qui, découragée et abattue, après avoir perdu tous ses appuis, est obligée de se livrer pieds et poings liés au despote, qui ne reste plus entouré que de ses satellites!...

Hé bien! tant de maux, le comble de tous les maux, qui ne peut se réaliser que successivement et progressivement, se serait-il jamais réalisé jusqu'où nous en avons été, si la liberté de la presse eût existé? Il y a quatre ou six ans que la liberté de la presse aurait donné un corps, une existence, un moyen de coaction à des sentimens secrets qui faisaient bouillonner le sang de tout homme éclairé, l'ami de son pays, et de lui-même : car nous sommes revenus de ce préjugé qui faisait croire qu'on pouvait être heureux quoique la patrie fût malheureuse. Nous en sommes revenus par les preuves que nous avons eues du contraire. La personne collective de la patrie se composant d'autant de parties qu'elle a de membres individuels, le moyen en effet que les parties soient heureuses quand le tout est malheureux? Il n'y a pas jusqu'aux auteurs et fauteurs de ce malheur général, qui avaient cru pouvoir se faire un bonheur isolé et indépendant, qui ne soient froissés, écrasés enfin, sous le poids de l'opinion, qui, à l'œuvre reconnaissant l'ouvrier, les précipite du haut de leurs fausses grandeurs, et leur inflige le mépris flétrissant qui fait le partage des traîtres et des égoïstes. Le sort vous élève, l'opinion vous rabaisse.

Après avoir jeté un coup-d'œil rapide sur les effets de la liberté de la presse en général, il convient d'en faire l'application aux diverses branches de la civilisation. C'est ce qui fera l'objet de la seconde Partie.

# SECONDE PARTIE.

*La Puissance de la liberté de la Presse appliquée à la Politique, à la Liberté individuelle, au Respect de la propriété.*

La liberté de la presse est dans la société politique ce qu'est la liberté de la parole dans le ménage. C'est par elle que le chef dirige les affaires de la maison, commande, exhorte, récompense ou punit par la louange ou le blâme; c'est par elle aussi que l'humble domestique fait entendre sa voix, car il est homme aussi, contre l'intendant de la maison, qui, rampant et flatteur auprès du maître, va *se refaire* amplement de sa servilité sur de pauvres inférieurs sans défense, qui n'ont d'autre résistance à opposer que la voix de la vérité contre des vexations, souvent des friponneries inouïes. Que serait-ce, si le maître leur coupait la parole? Ne serait-ce pas se rendre complice de son intendant?

C'est encore par la liberté de la parole que le propre enfant de la maison fera connaître la brutalité d'un aîné méchant, qui s'oublie jusqu'à maltraiter ses propres frères; c'est par elle que le bossu, le boiteux, faibles de corps, mais égaux à leurs frères devant l'équité paternelle, jouiront paisiblement de la vie. C'est en cela que l'égalité des droits sociaux protége la faiblesse contre la force.

2*

Si de cette comparaison extrêmement simple et vraie, de la société politique à la société domestique, nous passons au respect de la liberté individuelle et des propriétés, nous verrons que partout la liberté de parler ou d'écrire aura les mêmes résultats heureux, sans presque pas d'inconvéniens, ceux qui pourraient avoir lieu pouvant facilement être prévenus ou arrêtés par l'exemple des punitions.

## SECTION PREMIÈRE.

*Application de la Liberté de la Presse à la Politique.*

Il faut tenir pour certain que l'usage de la liberté de parler ou d'écrire en politique est le point de vue le plus délicat sous lequel on puisse envisager la question. Ces matières sont si difficiles, il est souvent si ardu d'en parler, qu'il est plus que présumable qu'il arrivera plus d'une fois que l'un en parlera mal, même très-mal...; mais d'autres en parleront bien; mais d'autres feront rentrer en lui-même le mécontent qui exhale sa bile, ce qui est souvent tout ce qu'il voulait, en lui prouvant qu'il se trompe; et, la conviction succédant au mécontentement peu raisonné, ce citoyen qui nourrissait en lui un venin secret propre à le mettre, à la première occasion, du parti des mutins, redoublera de zèle au contraire pour ne pas s'exposer une seconde fois au blâme de l'opinion publique, au blâme de ses parens, de ses amis, de ses voisins, de tous ceux avec qui il est en relation de cœur ou d'affaires. Car qui est sans relation dans la société? Celui qui se trouve dans ce cas est peu dangereux. Et celui-là parlât-il, écrivît-il, si, à défaut du poids du nom, il faut le poids de la vérité et des preuves, il serait toujours très-peu dangereux qu'il parlât ou écrivît, et cela pourrait devenir, au contraire, très-utile dans certaines circonstances dont il peut avoir été témoin, qu'il peut avoir pénétrées seul, ou mieux que d'autres.

Supposons différens cas. Supposons que ce soit de la théorie ou de l'exécution de la Constitution que l'on parlera avec toute la liberté qui est un des premiers droits naturels de l'homme en société.

## CHAPITRE PREMIER.

*Application de la Puissance de la Liberté de la Presse à la Théorie constitutionnelle.*

On ne peut écrire sur la théorie constitutionnelle qu'avec deux desseins, celui de renverser la Constitution, ou celui de l'améliorer, ce qui est toujours permis, toujours désirable, car elle peut renfermer des vices par trop énormes, par trop en opposition avec les mœurs, les lumières, les besoins nouveaux des peuples, pour qui et par qui toute Constitution légale est faite.

Pour renverser la Constitution, il faudrait prouver qu'elle est de tous points mauvaise, prouver qu'elle rend le peuple malheureux, et l'appeler à la sédition et à la révolte.

Mais il y a deux objections sans réplique à ce danger. 1° C'est qu'on ne révoltera jamais un peuple heureux; et le peuple est un excellent juge en cette matière; il sent très-bien si l'on a épargné ses finances et son sang; si les unes ne sont pas dissipées dans les fêtes, les plaisirs, les saturnales ou les fantaisies qui élèvent des palais, des boulingrins sur les ruines des chaumières et sur des tas de cadavres..... Il sent très-bien aussi si une guerre est juste ou ne l'est pas. Qu'on trouve, je ne dirai pas un homme lettré, mais un seul paysan qui se soit mépris sur l'iniquité de celle d'Espagne et de plusieurs de celles de Louis XIV ; 2° c'est que, en admettant même le cas que le peuple malheureux demande des changemens, il saura très-bien si son malheur vient de la violation de la Constitution, ou de sa propre et fidèle exécution. Dans l'un et l'autre cas, il fait connaître la cause du mal par la liberté de la presse ; *et un mal bien connu est à moitié guéri.*

Mais on ne peut exciter le peuple à la révolte par des discours, par des écrits, que les auteurs ne puissent être atteints et convaincus bien plus aisément que de tout autre délit : puisqu'on ne peut faire de mal en parlant, sans parler à plusieurs, parmi lesquels il se trouvera nécessairement quelque bon citoyen, ami de l'ordre; et qu'on ne peut imprimer sans un nom ostensible qui répond des suites de l'écrit.

Si tout ceci est simple comme le jour, et se démontre de soi-même, par les seules lumières du sens commun, qui est d'une application en politique plus importante qu'on ne pense, convenons que l'on peut faire une entière et ample application de la puissance de la liberté de la presse à la théorie constitutionnelle sans inconvéniens; qu'outre les lumières qu'il en résultera, cela concourra puissamment à consolider la Constitution, par la liberté même avec laquelle on en parlera : puisque la réflexion naturelle qui se présentera de suite à l'esprit, dans un tel état de choses, c'est que si la Constitution n'est pas changée, ce n'est pas faute de liberté pour en découvrir les vices, ni faute de puissance suffisante de la part de la nation, représentée par un pouvoir législatif qui en a toujours le

droit : donc si elle existe intacte, c'est qu'elle est bonne ;
la possibilité entière de la changer, et le non usage de
cette faculté, déposent hautement en faveur de sa sagesse.

De là, un respect que n'obtiendront jamais des
théories que l'on voudra couvrir de prestiges surnatu-
rels et surannés, en disant aux peuples que celui qui
les enfanta tient sa puissance de Dieu, comme si les
peuples, composés d'hommes également ses créatures,
ne tenaient pas aussi leurs droits naturels, sacrés, inaliénables, et imprescriptibles de la même main !.......
comme si Dieu n'était pas la source d'où tout vient.
N'est-ce pas lui qui a doué l'homme de raison, afin
qu'il fît servir ce précieux rayon de lumière à son bonheur ? En lui en ôtant l'usage, sous prétexte d'ordres
émanés du ciel, n'est-ce pas outrager ce même Dieu ?
Peut-il avoir voulu que sa créature, que l'homme créé
à son image, fut nulle part esclave ?.... non, non, vos
vaines arguties ne me convaincront jamais.

## CHAPITRE II.

### *Application de la Puissance de la Liberté de la Presse*
### *à quelques Dispositions constitutionnelles.*

Mais si, sans embrasser l'ensemble de la théorie constitutionnelle, l'on écrit sur quelques dispositions particulières, soit pour les perfectionner, en les épurant
de ce qu'elles peuvent avoir d'imparfait, soit pour les
défendre contre des atteintes anarchiques, assurément
on ne pourra alors être accusé ni même soupçonné de
vouloir renverser la Constitution. Hé bien ! c'est pourtant ce qui n'a pas été permis sous le règne précédent,
c'est-à-dire sous le règne du plus ténébreux despotis-

me. Lorsque par de prétendus *Sénatus organiques* on désorganisait la Constitution présentée au peuple français, et acceptée par lui, laquelle, toute imparfaite qu'elle était, valait encore mieux que cet échafaudage de *Sénatus-Consultes désorganisateurs*, que ce chaos indébrouillable de dispositions qui s'atténuent, s'abrogent mutuellement; quel homme, portant un cœur français, n'aurait pas dit à l'autorité machiavélique et déhontée qui osait ainsi se jouer des mots et des choses, et de la France même : « Vous appelez *organiques* des Sénatus-
» Consultes qui abrogent tantôt telle, tantôt telle autre
» des dispositions principales de la Constitution ! Des
» lois organiques sont des lois qui, respectant la doctrine
» constitutionnelle, la développent, la font ressortir
» dans tout son jour par une juste application aux cas
» particuliers. Tel est l'heureux développement qu'offre
» le Code civil de la maxime constitutionnelle sur la
» nature et les droits de la propriété; le Code criminel
» de celle qui garantit la liberté et la propriété indi-
» viduelles, etc.
» Mais lorsqu'à la place d'un Consul décennal
» vous substituez un Consul à vie, et à celui-ci un
» Empereur, et à celui-ci un Despote; lorsque l'une
» des principales branches du pouvoir législatif s'est
» déclarée simple *conseil*, alors, sûrement alors vous
» n'organisez pas la Constitution dans ses détails; et,
» si vous aviez un peu plus de pudeur ou de fermeté,
» en un mot si vous vous respectiez vous-mêmes, vous
» appelleriez ces Sénatus-Consúltes *désorganisateurs*.
» Mais, dites-vous, le peuple les a acceptés. Eh! qui
» lui a donné l'impulsion? C'était à vous à lui donner
» l'exemple de se respecter, en ne défaisant pas au-
» jourd'hui ce qu'il avait fait hier, en ne lui montrant

» pas les premiers l'exemple de changer de Constitu-
» tion, comme on change de chemise! Mais, disons-le
» franchement, vous voulez l'anarchie du despotisme
» pour pêcher en eau trouble, ou pour conserver,
» par une basse et si funeste soumission, vos places,
» ces gras domaines que vous tremblez sans cesse de
» perdre, sans trembler pour le peuple français dont
» le sang coule à gros bouillons sous la hache meur-
» trière de vos concessions, et dont les ressources sont
» enlevées, épuisées par le plus déhonté monopole, qui
» a déshérité nos ports de mer du peu de ressources
» que leur laissait le peu de denrées coloniales qui y
» arrivent encore, et dont vous avez rendu Paris l'en-
» trepôt général, pour les avoir sous la main, et les
» commercer à votre profit, en les faisant manipuler
» par des maisons de commerce, réduites, par la totale
» stagnation des affaires, au triste rôle d'être vos com-
» mis! Vous ne tremblez pas non plus en vous empa-
» rant de beaucoup d'autres branches de commerce,
» en pressurant, en laissant pressurer le peuple par
» des impôts inouïs, tels que la monarchie n'en avait
» jamais vu de pareils!..... ».

Non! tous ces désordres affreux, tous ces excès in-
tolérables n'auraient pas eu lieu s'il y avait eu une
liberté de la presse de fait, comme elle existait de nom.
Mais vos dénominations étaient presque toutes des
antiphrases, comme celle de *Pont-Euxin*, qui veut dire
*port de salut*, tandis qu'elle désigne un lieu de désola-
tion où l'on est exposé à une perte certaine sur une
mer perfide et très-orageuse, dont les bords sont ha-
bités par des peuples féroces, mais moins cannibales
peut-être que beaucoup d'hommes prétendus civilisés.
Ainsi, chez vous, Sénat conservateur signifiait Sénat

destructeur; Sénatus-Consulte organique, Sénatus-Consulte désorganisateur; liberté de la presse, esclavage de
la presse, c'est-à-dire esclavage pour ceux qui n'étaient
pas des vôtres; car tous les initiés ne jouissaient pas seulement de la liberté de la presse, mais de la licence de la
presse. Que de fiel et d'amertume n'a-t-on pas répandus
contre tout homme qu'on savait être incapable de trahir
son devoir, son pays, et dans le cas de faire rougir ceux
qui ne lui ressemblaient pas!.. Etait-il permis de répliquer
un mot, de publier un ouvrage? Tous les Journaux,
dont on avait si scandaleusement usurpé la propriété,
vous étaient fermés; et si vous y trouviez un coin pour
un ouvrage que vous aviez publié afin de faire entendre
la voix sacrée de la justice, c'était pour être bafoués,
criminalisés.

Eh bien! s'il avait été permis d'écrire, ces excès
contre les propriétés littéraires, cette violation ou ce
renversement de la liberté de la presse ( consacrée
constitutionnellement ), tout cela aurait-il eu lieu?
Non : il se serait formé une atmosphère d'opinions, un
centre, un ensemble de volontés qui vous auraient
préservés de vos propres excès : et l'homme à qui vous
avez fait perdre la tête dans les fumées de l'encens
régnerait bien sûrement encore. Il était né dur, mais
il avait d'ailleurs bien d'autres qualités pour régner,
si son entourage l'avait préservé de ses impétuosités
épileptiques. Mais quel monarque ne perdraient pas
de tels flatteurs? Tous, excepté celui qui serait éclairé
par la liberté de la presse, que l'on peut appeler une
autre providence des rois et des peuples. L'Angleterre
et les Etats-Unis en sont un bel exemple, et une preuve
irrésistible.

Si tout ceci est simple comme le jour, et se démontre de soi-même par les seules lumières du bon sens, qui est d'une application en politique plus importante qu'on ne pense, convenons que l'on peut faire une entière et ample application de la puissance de la liberté de la presse à quelques dispositions constitutionnelles, soit pour les perfectionner, soit pour les défendre contre les atteintes anarchiques; qu'outre les lumières qu'il en résultera, cela concourra puissamment à consolider la Constitution par la liberté même avec laquelle on en parlera.

## CHAPITRE III.

*Application de la Puissance de la Liberté de la Presse à quelques Dispositions de la Charte constitutionnelle.*

Si de l'ancienne Constitution, ou plutôt de la précédente ( car les excès de tout genre dont la France est tourmentée par l'avidité insatiable ne permettent guère à aucun régime d'y devenir ancien ), si donc de la précédente Constitution nous passons à la nouvelle, nous verrons d'une manière palpable que la liberté de la presse, si liberté de la presse il y a, peut, dès le début de cette Constitution, lui rendre des services importans et signalés.

C'est la liberté de la presse qui dira au monarque : « Vous êtes Roi des Français; ils vous ont reçu comme un » Génie libérateur, qui vient pour faire respecter leurs » droits; jamais peuple ne fut plus disposé à se respecter » lui-même en remplissant ses devoirs. Mais vous n'êtes » pas souverain. *Le principe de toute souveraineté réside* » *essentiellement dans la nation. Nul corps, nul individu* » *ne peut exercer d'autorité qui n'en émane expressément.* » Ce principe est désormais trop identifié avec l'esprit » des peuples pour pouvoir le détruire; cela n'est en

» la puissance d'aucune force physique ; cela est au-
» dessus de celle des éteignoirs du despotisme. C'est,
» SIRE, le principe RECONNU ET SANCTIONNÉ par notre
» père, Louis XVI ».

Les ultra-révolutionnaires voudraient les désordres de
l'anarchie démagogique, les ultra-royalistes ceux de l'a-
narchie despotique. Les uns et les autres sont également
à craindre : les uns voudraient nous séduire par les ap-
pas d'une liberté indéfinie, que ne comportent pas
l'état de nos mœurs et l'étendue de notre pays; les autres voudraient nous entraîner au despotisme par l'empire du malheur des circonstances et par la violence,
au despotisme que repoussent également, l'état de nos
mœurs et les lumières du siècle. Ceux-ci, plutôt par
esprit d'entêtement que par raisonnement, que par réflexion sur ce qui convient à l'état actuel de la nation,
qu'ils n'ont pu connaître, se sont agglomérés autour du
trône, pour persuader au monarque que la dignité et
la sûreté de sa couronne exigeaient qu'il se déclarât souverain héréditaire, et comme tel possédant *toute* l'autorité, même malgré la nation, à laquelle on voulait
bien en concéder une partie, vu les *altérations* qui se
sont opérées dans les esprits ; et cela est développé dans
un très-long préambule de l'*Ordonnance de réformation.*

Celui de la Constitution de 1791 est renfermé dans
environ vingt lignes seulement; il est merveilleusement
en proportion avec l'ouvrage, il est laconique, substan-
tiel : il expose que l'ignorance, l'oubli, ou le mépris
des droits de l'homme sont la cause des malheurs publics et de la corruption des gouvernemens; qu'en conséquence les représentans du peuple français font la
déclaration solennelle de ces droits naturels, sacrés et
inaliénables, afin qu'elle serve constamment de règle

de conduite aux citoyens dans leurs prétentions, et au gouvernement dans ses actes; enfin cette déclaration est faite en présence et sous les auspices de l'Être suprême.

Que de choses en peu de mots! et quelles choses! La vérité. Vils sophistes! démentez un mot de tout cela....
Le préambule de la nouvelle Constitution, nous le disons avec peine, n'est nullement en rapport avec le corps de l'ouvrage, ni pour l'esprit, ni pour l'étendue : il dit que toute la puissance réside ( naturellement ou divinement, je ne sais lequel ) dans la personne des Rois, tandis que la Constitution contient des maximes généralement libérales; puis, ce préambule est aussi long presque que la Constitution elle-même. Eh! pourquoi dire? comme nous venons de le remarquer, que tout le pouvoir réside dans les Rois, que l'esprit de la nation s'est altéré, que c'est pour cela qu'on veut bien lui concéder des droits politiques très-importans!

Une dame entendant cela, dit : Si la raison des Français est altérée, au lieu de leur céder des droits politiques aussi importans, il faudrait leur administrer l'ellébore, ou envoyer la Nation aux Petites-Maisons.

Avant d'aller plus avant dans l'examen de quelques dispositions de la nouvelle Constitution, remarquons que, dans son ensemble, elle est fort bonne; qu'elle aurait rempli l'attente de la nation, aurait produit une allégresse pareille à celle que fit éclater la promulgation de la Constitution de l'Assemblée constituante et de Louis XVI, que j'appelle Louis-le-Grand; voilà, dis-je, l'effet qu'elle aurait produit, au lieu de la morne consternation qu'elle a répandue partout, si un préambule inutile en soi, quelques dispositions particulières erronées, des lacunes importantes et vraiment humi-

3

liantes pour la Nation, n'eussent pas été le sinistre *rabat-joie* qui est venu faire tomber les cocardes blanches, et refermer tous les cœurs qui, depuis un mois, se dilataient à l'idée que nous allions enfin être constitués sur une base naturelle et durable; par une Constitution nationale, qui, respectant tous les droits et imposant les devoirs nécessaires, serait l'Évangile politique d'une nation qui a assez prouvé qu'elle méritait d'être gouvernée par des lois, et non pas assujettie aux caprices d'aucun despotisme démagogique ni monarchique. Elle a voulu un Roi constitutionnel comme Louis XVI, même avec plus de pouvoir, si son successeur consentait à porter le poids d'un plus lourd fardeau; car telle est la véritable idée qu'il faut se faire du pouvoir.

La Constitution publiée remplirait cette attente; mais elle renferme quelques dispositions, présente des lacunes qui, il faut le répéter, en atténuent singulièrement le mérite, au point que beaucoup d'hommes des plus modérés, les plus véritables amis du Roi, n'ont pu s'empêcher de bondir à la première lecture qu'ils en ont entendue. Ils se sont écriés : ô flatteurs! ô flatteurs!

Mais, on le répète sans cesse, pourquoi ce long préambule mis en tête de cette Constitution? Uniquement pour parler du pouvoir des Rois, et des *altérations* qu'a éprouvé l'esprit humain depuis cinquante ans; altérations qui sont la seule cause de la concession qu'il plaît au Roi de faire d'une partie de sa toute-puissance. Il est sûr que les esprits sont fort altérés, dès que vous ne pouvez plus leur faire concevoir qu'il ne soit pas révoltant que les immenses biens de deux castes privilégiées soient exempts d'impôts, etc., etc., etc. Les esprits sont altérés; ils sont malades!....... de sorte que la concession faite à la France est donc à-peu-près comme la chose que l'on accorde au malade désespéré, à qui l'altération de sa raison ne permet plus de réfléchir sur ce qui lui convient et lui appartient!.....

Quelle humiliation! quel soufflet pour la Nation! Sera-t-elle assez chrétienne pour tendre l'autre joue, afin d'en recevoir un second?.... Voilà pourtant les écarts où les hommes extrêmes de tous les partis jettent les dépositaires de l'autorité. Je dis les *dépositaires*, car toute autorité est un dépôt que les peuples confient pour leur intérêt au plus modéré, au plus courageux, en un mot, au plus sage: et c'est en ce sens surtout *que la voix du peuple est la voix de Dieu*; c'est en ce sens que les Rois tiennent leur sceptre de Dieu, par la volonté de qui tout se fait.

Mais les Rois n'héritent pas d'un peuple comme on hérite d'un domaine ou d'un troupeau. Si le fils monte paisiblement sur le trône de son père, c'est que le peuple y donne son assentiment, c'est que, par son silence, il laisse subsister la loi qui établit la succession au trône: mais il peut la changer quand bon lui semble; il en a le droit, le droit inaliénable, et par conséquent imprescriptible. Aussi le parlement d'Angleterre, représentant la Nation, a-t-il le droit formellement reconnu et consacré par la charte constitutionnelle, de changer l'ordre de la succession au trône, et de changer la dynastie.

Chez nous, Buonaparte a usurpé l'autorité; c'est un fait constant: mais cette usurpation a été légitimée par l'acceptation, le consentement ultérieur du Souverain. C'est ainsi que j'appelle la Nation. Si ce consentement n'avait pas légitimé le dépôt de l'autorité en ses mains, qu'il ne fût qu'un usurpateur, tout ce qu'il a fait depuis son avénement serait donc nul? Eh! plût à Dieu que

l'on pût annuler ainsi la mort de douze millions
d'hommes, tombés victimes de son insatiable ambition,
et de celle de tant d'autres!.... Buonaparte n'eût-il
regné que comme usurpateur, il faudrait le déclarer
monarque légitime (et par conséquent ayant interrompu
la possession de l'ancienne dynastie, indépendamment
de la république qui a existé avant lui, gouvernement
légitime aussi, puisqu'il avait été légalement établi), il
faudrait le déclarer légitime, pour ne pas frapper de nullité toutes les lois auxqulles il a participé, et que, par une
contradiction manifeste, l'on reconnaît comme telles,
notamment le Code civil ; pour ne pas frapper également de nullité tous les actes faits sous l'empire de ces
lois, ou tout au moins les ramener, comme on le fait
par-là, sous l'empire d'une ancienne législation, d'après
laquelle les contestations sur ces mêmes actes devraient
être jugées : tandis que les parties ont entendu stipuler
conformément aux lois sous le règne desquelles elles
étaient, et qu'elles ne regardaient point comme nulles,
par le défaut de qualité du monarque, qu'elles savaient
très-bien avoir appelé légalement au trône.

Voilà pourtant les extrémités dans lesquelles nous
jettent les aberrations et les écarts de l'esprit de parti.

Les Romains, ces Romains si judicieux en politique,
l'avaient bien senti cet écueil ; et, quoique leur César
n'eût pas eu la même adresse ou la même déférence
que le nôtre à faire légitimer son autorité, le Sénat ne
crut pas, sans commettre la plus grave des inconsé-
quences, relativement à tout ce qui avait été fait, pouvoir suivre son penchant à le déclarer *usurpateur*. Et
c'est à cette prudence, impérieusement commandée par
la circonstance, que Rome dut le règne d'Auguste, qui
succéda à son oncle Jules César.

Si du préambule de la Constitution nous passons à plusieurs articles de détail, nous y voyons des réticences épouvantables. Quoi! on se borne à renvoyer aux lois de détail les principes sacrés de la sûreté personnelle! Vous établissez l'*inviolabilité* du Roi. Mais le domicile de chaque citoyen doit être déclaré inviolable aussi ; on ne doit y pénétrer la nuit, et le jour on ne le doit que dans certains cas. Pourquoi ne pas le dire? La personne du Roi est inviolable, le domicile des citoyens l'est aussi : voilà qui fait contre-poids. Mais si le Roi est inviolable (mon domicile ne l'étant pas), et qu'il devienne un despote, il peut attenter à ma liberté individuelle; de nuit me faire enlever impunément par les sicaires de la tyrannie....... Où est alors ma sûreté personnelle, celle de tous ceux qui, amis de leur patrie, ne fléchiront pas le genou sous un joug oppresseur? Eh! ce sont de telles dispositions que l'on renvoie aux lois de détail, qui peuvent changer d'un instant à l'autre! C'est dans la Constitution, dans la loi fondamentale et permanente par nature, que ces dispositions doivent naturellement être placées.

Quelle est la différence essentielle, caractéristique, entre une Constitution et les lois ordinaires?

« Dans toute société civile où l'ordre se maintient
» nous remarquons une puissance qui se fait respecter
» de tous les membres, et que, par cette raison, on
» nomme *souveraine*.

» Cette puissance fait les lois, et force à les exécuter.
» En la considérant sous ces deux rapports, on la divise
» en deux puissances, l'une législative et l'autre exé-
» cutrice.

» Dans les grandes monarchies de l'Asie, cette dou-
» ble puissance résidait toute entière dans le monar-
» que : la souveraineté était donc en lui seul.

» Cette puissance se faisait respecter, parce que le
» monarque avait à ses ordres toutes les forces de l'É-
» tat : ceux qu'il armait étaient seuls armés, et ils l'é-
» taient pour lui contre tous. ( Tel était Buonaparte. )

» Maître absolu de la Nation, un pareil souverain
disposait d'elle. Formait-il le projet d'une conquête,
» il fallait marcher, parce qu'il commandait. Il avait
» seul le droit de faire la guerre et la paix.

» Or, le droit de faire les lois, celui de les faire exé-
» cuter, et celui de faire la guerre et la paix, sont les
» trois pouvoirs qui constituent la souveraineté » (1).

Les trois pouvoirs se limitent aussitôt qu'ils se par-
tagent la souveraineté. Leur limitation, ou le partage
donne lieu à différentes combinaisons, dont chacune
constitue autant de gouvernemens différens. Ces gouvernemens sont placés entre les monarchies absolues
ou despotiques, où le monarque a seul toute la souveraineté, et les républiques, où les citoyens ont tous
à la souveraineté une part égale.

« Or, on nomme *politiques fondamentales* les lois
» qui rendent cette combinaison notoire et solennelle :
» politiques, parce qu'elles règlent l'usage de l'autorité ;
» fondamentales, parce que, si elles changent, le gou-
» vernement n'est plus le même » (2).

De ce que les lois politiques fondamentales, c'est-à-dire
de ce que la Constitution ne peut éprouver de changemens sans changer la nature du gouvernement, sans
faire conséquemment une révolution, c'est une grande
raison de faire de suite une Constitution complète. Sous
le gouvernement précédent, la France a été jetée con-
tinuellement, par des Constitutions prétendues com-

---

(1) Condillac, *Hist. anc.*, liv. IV.
(2) *Ibidem,*

plétives, de révolution en révolution, de cascade en cascade, plus funestes encore que les précédentes, dont
on disait avoir tari la source ; ce sont ces dernières révolutions qui ont fini par anéantir toutes les limites du
pouvoir monarchique, toutes les sauvegardes, toutes
les garanties de la Nation, et l'ont livrée, elle, ses ressources, son commerce, sa prospérité à la faux meurtrière du despotisme.

Dieu nous préserve donc *des Constitutions!!!*... Mais
invoquons-le, invoquons la divine sagesse, celle de notre Roi, pour avoir *une Constitution* qui puisse devenir la base d'une éternelle durée, c'est-à-dire une Constitution invariable ; et, pour cela, il faut qu'elle soit sage
et complète, deux choses qui s'entraînent mutuellement
l'une l'autre : puisqu'une Constitution ne sera pas sage,
si elle est incomplète, et elle ne sera pas complète, si
elle n'est pas sage.

Cela n'a pas plus besoin d'être démontré que de
prouver qu'une machine, une voiture qui doit avoir
quatre roues, ne peut marcher, ou que très-difficile-
ment, avec trois ; et que si, dans cet état, elle parcourt
quelques stades, elle ne peut manquer d'être bientôt
détruite par le frottement, et d'occasioner la perte de
celui à qui la direction en est confiée, et d'un grand
nombre de ceux qui sont du voyage, et qui se sont con-
fiés à son habileté.

Or demandons-nous : Quel est l'objet essentiel d'une
Constitution ? afin de tâcher de l'obtenir complétement.

1°. Cet objet, c'est, comme nous l'avons vu, le partage des pouvoirs qui forment la souveraineté, partage
qui ne peut avoir lieu sans qu'ils se limitent mutuellement. La portion de ces pouvoirs laissée au peuple
limite la portion déléguée au monarque ; et, à son tour,

la puissance du monarque limite celle du peuple. C'est de la justesse de ce partage que dépend l'équilibre, cette puissance admirable par qui subsiste l'univers, que dépend la perfection d'une monarchie limitée ou modérée.

2°. Il ne suffit pas de distribuer les pouvoirs, il faut encore bien déterminer entre qui s'en fait la distribution ; quelles sont les parties qui prennent part au pacte social : car, que l'on considère telle partie comme concédant ou comme cessionnaire, il faut toujours le concours de la volonté de deux parties bien déterminées, toute cession étant nulle si elle n'est volontairement faite d'un côté, et volontairement acceptée de l'autre ; c'est-à-dire, si elle n'est *faite* et *acceptée* par des actes libres, légaux et authentiques. Or les parties contractantes sont ici, d'un côté, le Roi ; de l'autre, le peuple français. — Il faut que le premier soit désigné par ses prénoms et nom de famille ; dire qui pourra lui succéder (je dis *pourra*, et non pas *devra*, nul ne pouvant être obligé d'occuper un trône malgré lui) ; comment aura lieu cette succession ; enfin, en cas de défaut d'héritier présomptif en âge, régler le règne particulier du régent ; et, à défaut absolu d'héritier présomptif, déterminer comment se fera l'élection d'un nouveau monarque, d'une nouvelle dynastie. — Il faut que la seconde partie contractante soit désignée sous son nom collectif, qu'elle soit déterminée, non par la quotité, mais la qualité de ceux qui composent la cité, avec laquelle le Roi contracte (1) ; car les représentans ne sont pas la

---

(1) A propos de la composition de la cité, on ne saurait trop insister sur les graves inconvéniens de ne pas la dégager des élémens pernicieux qui en ont fait partie jusqu'à présent. Pour arriver à la composer d'élemens purs, qui pussent servir de base à une stabilité éter-

Nation, puisqu'ils la représentent, et la désignation du mandataire dans un contrat ne dispense pas de désigner le mandant pour qui le mandataire agit; au contraire, c'est de rigueur. D'ailleurs ceux qui représentent aujourd'hui la Nation, ne la représenteront plus dans deux ans; comment aura lieu leur remplacement? c'est-à-dire, comment la Nation entière viendra-t-elle, chaque année, et toutes les fois que ce sera utile, auprès du trône, auprès du père de la patrie, pour l'exécution du pacte social, c'est-à-dire, pour exprimer, par l'organe de ses représentans, sa satisfaction, ses besoins, ses doléances, son droit de volonté? Ces représentans seront-ils élus par la masse des habitans, ou par une partie déterminée? détermination qui ne peut évidemment avoir lieu que par la quotité des contributions, si ce n'est pour les fils de citoyens qui devraient être exempts de cette condition du vivant de leurs pères.

Or, cette détermination est très- importante, non-seulement parce que dans un pacte social on ne peut absolument passer sous silence le nom de la Nation, mais encore par rapport à la *qualité* qui, dans tout contrat, influe sur sa validité, et ici sur sa nature même. En effet, nous avons vu qu'il y a différentes espèces de gouvernement entre le républicain et la monarchie despotique; que le gouvernement penche plus vers l'un ou l'autre de ces extrêmes, selon que le monarque

---

nelle, il faudrait consulter le patriotisme présumé de diverses classes. Or qui doutera que le propriétaire foncier, l'agriculteur, qui tient en quelque sorte au sol, dont les besoins sont bornés, les mœurs pures, ne soit plus attaché à la patrie que l'artisan, le commerçant, le capitaliste, quid'un instant à l'autre peuvent changer de lieu, s'expatrier, au gré de leur ambition? Je voudrais donc que l'on soumît ceux-ci à une condition de contribution au moins triple de celle des autres.

ou le peuple y ont une plus grande portion des pouvoirs qui forment la souveraineté. Or, si la Constitution n'a grand soin de composer sainement la cité, si elle y admet des hommes sans existence sociale, sans lumières, sans aveu, des hommes flétris par les tribunaux, il est certain que c'est un auxiliaire qu'elle donne au parti populaire, ou au parti des grands, que le gouvernement penchera vers la démocratie ou le despotisme, selon que cet auxiliaire nombreux se tournera de l'un ou l'autre côté; qu'ainsi, le gouvernement restant le même en apparence, de fait changera de nature au gré des variations, des caprices, de la cupidité, ou plutôt de la vénalité de cette masse d'habitans qui viendront accroître la puissance du pouvoir exécutif ou du pouvoir législatif, par leur présence dans la Cité; eux qui doivent jouir de son bonheur, mais ne peuvent être admis à en faire partie.

3°. Les parties désignées, il faut pourvoir à leur sûreté respective. A cause de l'importance et de l'immensité des fonctions du Roi, le déclarer *inviolable*, ses seuls ministres responsables, le Roi, père de la patrie, ne pouvant d'ailleurs que vouloir son bonheur. Mais, comme il peut s'écarter de cette sainte volonté, déterminer les cas où il aura encouru la déchéance; de l'autre côté, pour les citoyens, établir la garantie de la liberté individuelle, l'inviolabilité du domicile de tout citoyen. Et comme de la sûreté de tous dépend celle de chacun, de là la nécessité de déterminer la formation de l'armée. Aura-t-elle lieu par enrôlement volontaire? C'est la manière la plus libérale.

Tous les citoyens seront-ils soldats? seront-ils armés comme membres de la garde nationale? Le simple habitant pourra-t-il en faire partie? La garde nationale est

spécialement pour le maintien du repos de la cité;
l'armée pour la défense de la Nation. Comme, selon
moi, tous ne doivent pas être admis dans la cité, mais
que tous font partie de la Nation, il est conséquent
que tous soient admis dans l'armée, et les seuls citoyens dans la garde nationale.

4°. Enfin l'objet d'une Constitution est d'assurer le
respect inviolable des propriétés.

Or, si tel est l'objet des lois *fondamentales*, *politiques*, l'objet d'une *Constitution*, l'objet du *droit public* (car toutes ces dénominations sont parfaitement
identiques) quel sera l'objet des lois ordinaires ?

Cet objet est très-facile à déterminer. Tout ce qui
n'est pas du domaine spécial de la loi *politique fondamentale* sera de celui des lois ordinaires, destinées,
chacune dans son espèce, à développer, à organiser
les règles générales du droit public contenues dans la
Constitution, qui, comme beaucoup l'ont cru, ne contient pas des règles de droit civil, de droit criminel,
etc. : elle ne contient que des règles de *droit public*, et
ce sont les développemens de ces règles générales qui
prennent ces diverses dénominations.

C'est ainsi qu'on appelle *lois d'élection*, les lois qui
déterminent le mode de celles confiées par la Constitution, soit au peuple, soit au Roi; qui déterminent ici
le mode d'élection des officiers des assemblées primaires et des assemblées électorales; le mode de donner, de recueillir, de recenser les votes, d'en cons-
tater le résultat, de proclamer les élus; qui déterminent
enfin (pourvu que ce soit mieux que les lois précédentes), les mesures de discipline propres au maintien de l'ordre et à la répression du trouble; qui
déterminent, pour les élections confiées au Roi, l'âge,

la quotité de contribution, les études, les années de
stage ou d'exercices nécessaires pour occuper les diverses places judiciaires, administratives ou militaires.

C'est ainsi encore qu'on appelle lois criminelles ou CODE
CRIMINEL les lois qui développent, organisent le principe constitutionnel, qui garantit *la liberté ou sûreté individuelle*, et celui aussi qui garantit le *respect des propriétés*. Mais pour assurer la liberté individuelle, le
respect des propriétés, pour faire respecter les lois qui
les concernent, il faut aussi établir la *sûreté générale*;
pour cela, il faut des forces pour l'organisation, la
discipline, la paye, les récompenses desquelles il est
nécessaire des lois qui sont appelées lois militaires, ou
le CODE MILITAIRE, qui a pour objet la garde nationale, l'armée de terre et de mer. Et l'on appelle LOIS DE
FINANCES toutes celles qui établissent les contributions
nécessaires pour pourvoir aux dépenses de cette force
publique, et à celle de l'administration intérieure.

C'est ainsi qu'on appelle lois civiles ou CODE CIVIL
les lois qui développent, dans ses immenses détails, le
principe constitutionnel qui détermine la nature et les
caractères de la propriété; propriété foncière, propriétés
mobilières, propriétés personnelles, comme le droit de
stipuler, librement, la plus sacrée, la plus générale des
propriétés, et la plus violée sous le règne anarchique
du Corse. — On appelle lois commerciales ou CODE
DE COMMERCE les lois qui, régissant cette classe de propriétés qu'on appelle marchandises, papier ou effet de
commerce; manufactures, voitures d'eau et de terre,
etc., et dont le respect, plus sévèrement consacré dans
les lois, a été si peu observé sous le règne rapace du
Corse. On appelle lois rurales ou CODE RURAL les lois
qui régissent les propriétés champêtres, ou punissent

le genre de délits ou de contraventions auxquels ces propriétés sont exposées; propriétés dont le respect doit être d'autant plus grand, que généralement ceux qui les possèdent sont plus simples, plus purs, plus universellement utiles, et que ce sont eux qui nourrissent l'État, fournissent à l'industrie ses matières premières, et par-là alimentent le commerce, et se trouvent être, dans le fait, la première source de la prospérité publique, etc., etc.

Ainsi les lois ordinaires ont pour objet, en développant les principes généraux de la Constitution ou du droit public, de statuer sur les divers cas relatifs aux *élections*, à la *liberté* ou *sûreté individuelle*, au *respect des propriétés*; sur tout ce qui, d'un autre côté, n'est que d'un intérêt passager ou individuel, et n'est qu'une application plus ou moins immédiate des grands principes du droit public, essentiellement très - généraux. Les principes du droit civil sont assez généraux eux-mêmes pour pouvoir et devoir même être appliqués aux divers cas *prévus* et *imprévus*. Mais les dispositions du droit criminel, au contraire, ne peuvent jamais s'appliquer qu'à des cas prévus par la loi. C'est un principe sacré d'une telle importance pour la sûreté des personnes qu'il a toujours été regardé comme faisant partie intégrante de celui qui consacre la *liberté* ou *sûreté individuelle*; et, par conséquent, comme faisant partie du droit public. Cependant l'*Ordonnance de réformation* ne l'énonce pas. La Constitution de 1791 s'exprime en ces termes à ce sujet : « Nul homme ne peut être accusé, » arrêté, ni détenu que dans les cas *déterminés* par la » loi, et puni qu'en vertu d'une loi établie et pro- » mulguée antérieurement au délit (*art.* VII *et* VIII *de* » *la Déclaration des droits*) ».

Maintenant revenons à la loi *politique fondamentale*
ou à la *Constitution*. Nous avons vu qu'elle a pour objet
essentiel et indispensable, 1º la désignation précise des
parties qui concourent au pacte social; 2º le partage
des pouvoirs ou de la souveraineté; 3º la garantie de
la liberté individuelle; 4º et du respect des propriétés.

Or la nouvelle Constitution remplit-elle toutes ces
conditions ?

D'abord, quant à la plus essentielle de toutes, et nécessairement la première, la composition de la *cité*,
d'où tout émane dans un gouvernement représentatif,
le croira-t-on ? elle n'en parle pas, ne contient pas un
mot là-dessus. Cependant dans toute société il faut bien
commencer par la composer avant de lui donner des
gérans.

La Constitution dit qu'il sera fait des lois particulières pour l'organisation des assemblées électorales. Mais
les électeurs qui doivent les composer, par qui seront-
ils nommés ? Sortiront-ils, comme Minerve, tout armés
de la tête de Jupiter ? Il fallait donc ajouter qu'il sera
fait aussi des lois pour l'organisation des *assemblées primaires*, qui sont les élémens et la base du corps politique, l'ensemble même de ce corps.

Or quelle effroyable lacune dans une Constitution
de ne pas organiser le corps politique, de n'en pas dire
même un mot ! tandis que c'est par-là qu'elle aurait
évidemment dû commencer.

Un abbé Barruel a bien dit ou mal dit, qu'avant le
Roi il n'existe pas de société; qu'il n'y a que des individus épars, *provinciaux*, savetiers, tailleurs, cordon-
niers; mais que tout cela était sans droits et sans existence, et qu'ils n'en ont une que par le Roi, qui leur
donne le droit d'obéir !.....

C'est comme qui dirait un berger qui réunit sous ses lois des têtes de bétail, qu'il trouve éparses dans la campagne, dans des déserts, pour en former un troupeau.

C'est ainsi que Romulus réunit en effet une société de vagabonds, de fugitifs, de bandits pour former la société à laquelle il commanda; mais il est encore incertain s'il leur donna des lois de sa seule et propre autorité : la plupart des historiens établissent le contraire.

Mais, de bonne foi, quand bien même Romulus l'aurait fait ainsi, peut-on assimiler un peuple civilisé, éclairé, qui joint aux lumières de l'esprit la force du courage, peut-on assimiler les Français, dis-je, à un peuple de bandits?

Assurément je ne m'arrêterai pas à démontrer l'inconvenance et l'odieux du parallèle. Non, la France est grande, puissante, elle a le sentiment de sa dignité, elle doit être ce que devint Rome civilisée, une Nation souveraine, comme le sont toutes les grandes Nations contemporaines, celles d'Angleterre, d'Amérique, et après elles les Suisses, les Hollandais, les Espagnols même, qui ont voulu aussi, grâce à nos persécutions, prendre place parmi les Nations souveraines, apprenant, par nos propres excès, à détester les horreurs du despotisme; du despotisme auquel nous avons servi d'instrumens malgré nous, après l'avoir si inconsidérément établi nous-mêmes, ou laissé s'établir!!!.....

' D'un autre côté, il ne suffit pas d'organiser les assemblées *élisantes*, non plus qu'il ne suffit pas de bâtir un

---

(1) Depuis la première édition de cet ouvrage, la Constitution des cortès a été détruite, et remplacée par une Constitution despotique, à la suite de laquelle a été rétablie l'inquisition. Ceci dit beaucoup; et c'est un commencement de preuves qui commence à faire douter sur des *choses que nous n'avions pas voulu croire.......*

édifice pour qu'il soit de longue durée : il faut encore que chaque partie y ait son centre de gravité bien établi, de manière à soutenir à son tour la gravitation de la partie qui est au-dessus; comme dans l'édifice politique il faut que le partage de l'autorité souveraine y soit fait de manière que le poids de la partie supérieure soit en rapport avec la force donnée à la base; sans quoi l'on se trouve avoir bâti sur le sable, et l'édifice s'écroule.

Il s'écroule encore bien plus promptement si la pierre angulaire manque de base. J'appelle pierre angulaire dans toute assemblée délibérante ou *élisante*, ses officiers. Or quelle est la base de l'existence de ceux-ci ? Le choix, le seul choix de l'assemblée. Toute assemblée qui n'a pas la nomination de ses officiers quelconques n'est plus une assemblée délibérante ou élisante.

Lorsque le gouvernement précédent eut fait la trouvaille de nommer lui-même les présidens des colléges électoraux, j'étais un soir chez un de ceux qui y jouaient un rôle, qui s'applaudissait beaucoup de ce tour auquel on ne s'attendait pas, dit-il, et qu'il appelait un moyen de consolidation. Il me demanda ce que j'en pensais. Je lui répondis, selon mon habitude, avec franchise :

« Que donner à une assemblée un officier, le principal officier surtout, étranger à son choix, c'était d'abord avoir un corps composé de parties hétérogènes; que faire présider ainsi une assemblée *élisante*, et parvenir à connaître le vœu national ( ce qui doit être le but essentiel, sacré et consolidant dans tout gouvernement représentatif ), c'était deux choses différentes et peut-être incompatibles; que M. le président aurait ses élus, qui seraient rarement ceux de l'assemblée même, et mille moyens de les faire passer; mais qu'un tel succès était un échec bien caractérisé, attendu qu'il contrarie l'essence et le but du gouvernement représentatif, qui est de parvenir à connaître le vœu national; et attendu que, au lieu des hommes appelés par ce vœu, et qui l'auraient été si ce vœu avait pu être librement émis à l'abri de toute influence étrangère, on n'aurait souvent que les hommes de M. le président; que par-là on obtiendrait des élus, et par eux un état de choses contraire au vœu national; qu'insensiblement, ce vœu contrarié, il en naîtrait la fièvre chaude du méconten- tement, et de celle-ci l'indifférence, l'éloignement de tout ce qui a trait à la chose publique; enfin le marasme politique, l'opposé de cet esprit public, de ce civisme toujours vigilant, toujours efficace, qui vivifie sans cesse le corps politique d'une force toujours renais- sante, renaissante de ses cendres, comme le phénix de la Mythologie, ainsi que cela se voit dans l'heureuse Angleterre, et dans les bien plus heureux Etats-Unis d'Amérique; qu'enfin je craignais que ce moyen conso- lidant ne fût un moyen destructeur.... ».

Ah!....., me dit mon homme, voilà de la métaphysi- que, du Locke, de l'idéologie anglaise!.... — D'abord, lui dis-je, il serait difficile de parler d'une chose mé- taphysique en elle-même, c'est-à-dire abstraite, puisqu'on parle d'effets abstraction faite de la cause matérielle qui doit les produire, sans y mettre de la métaphysique. Ainsi, si ce mot emporte nécessairement condamnation, non-seulement j'ai tort, mais c'est que je ne puis qu'avoir tort. Quant à Locke et à l'idéo- logie anglaise, comme tout cela est synonyme de méta- physique, je ne ferai pas une réponse particulière à ce sujet... — Ah! ah! ah! vous avez grandement raison de vous condamner au silence là-dessus. Parbleu! qui ne sait que c'est ce Locke et l'anglomanie qui ont tout

4

perdu en Europe. — Vous me paraissez, lui dis-je, bien effrayé à ces noms de *Locke* et d'*anglomanie!* J'ai vu un temps où vous l'étiez moins au nom de Locke, lorsque vous imprimiez « que *Locke* et *Condillac*, en » dévoilant à l'homme la nature et les ressorts de son » esprit, lui avaient fait résoudre le plus important » problème qui lui avait été recommandé par la sage » antiquité : *Mortel, connais-toi toi-même;* que comme » la principale partie de l'homme était l'homme moral; » que, selon Buffon, c'était même là tout l'homme, il » en résultait que ces sages modernes lui avaient fait » franchir l'immense distance qui sépare l'homme » éclairé ou civilisé de l'homme brut! qu'enfin désor- » mais les droits de l'homme, reconnus et propagés à » l'aide de ce flambeau, étaient impérissables.......... ». Ce sont ces vérités, ajoutai-je, et votre manière d'écrire non moins touchante, qui m'ont fait désirer de vous connaître, et je m'honore d'y être parvenu. Mais veuil- lez ne pas trouver mauvais que je vous admire en Locke, en Condillac, puisque vous vous êtes si bien montré digne d'eux... A ces mots, j'aperçus sa figure se contracter sur elle-même, ses yeux se replier dans leurs orbites, et une crispation générale s'emparer de toute l'habitude de son corps..... Je vis que le moment était venu de prendre congé.

Quelques jours après, ne sachant pas ce que c'est que d'être colérique pour des opinions dans lesquelles nous sommes tous si sujets à errer, je retournai chez ce Mon- sieur, dont un des laquais me murmura que la porte était fermée. — Comment fermée? — Oui, fermée pour vous....

Cela n'a pas empêché ce que j'avais prévu de se réa- liser. En effet, qu'est-il arrivé? Là, que les assemblées ont obéi docilement à l'impulsion qui leur était donnée; ailleurs, que l'action impulsive a été suivie de réaction démesurée, ce qui est bien difficile autrement, et que l'on a choisi précisément les bêtes noires du parti exclusif.

De l'une ni l'autre manière l'on n'a obtenu le vœu national, qui se serait manifesté dans des élections libres de toute influence étrangère. Ces bêtes noires sont ce douzième du corps législatif que Buonaparte a apostrophés du nom de *méchans*, qui lui ont été envoyés par l'amour-propre révolté d'un peuple souverain, que l'on voulait conduire, comme un peuple d'enfans ou de marionnettes, par les ressorts mécaniques de la tactique, ne sachant pas que les volontés ne se manient pas, ne se dirigent pas ainsi avec des machines, fussent-elles des plus merveilleuses : au moins, si cela arrive, cela ne dure pas long-temps. En ces matières la meilleure ruse c'est de ne pas en avoir, et de suivre naturellement la voie droite, qui est ici essentiellement de dégager l'émission du vœu national de la contrainte de toute influence étrangère : c'est le vrai moyen de le connaître et d'en faire la base d'une durée éternelle.

Je crains bien que ce soit une erreur non moins importante que la Constitution mette la nomination des tribunaux au pouvoir du Roi. Buonaparte était parvenu à s'emparer par gradation de toute la souveraineté, en s'emparant de toutes les nominations, qui en sont un des principaux attributs. Il nommait jusqu'aux juges de paix, magistrature essentiellement populaire, arbitrale ou conciliatrice, et qui conséquemment doit être du choix des parties. On sait comment les tribunaux ont été composés sous Buonaparte! Les juges dignes et capables me rendront justice lorsque je dirai que généralement, s'il y avait un avocat sans cause et

4.

sans crédit au barreau, c'était celui-là qu'on était forcé de nommer, depuis le discrédit où était tombée la justice, cette première base de l'État, et où il l'avait peut-être ravalée lui-même à dessein, la regardant comme un contre-poids incommode à son humeur tyrannique. Cette présomption ne paraîtra pas témérairement avancée, si l'on considère qu'il avait réduit les juges à ne pouvoir se faire de leurs nobles fonctions un état honorable, tandis que tant d'autres, notamment des milliers d'espions, étaient si grassement payés, si somptueux, si insolens!... Les professeurs avaient été réduits à la même médiocrité, ou plutôt à la même misère. On voit bien que cet homme voulait tuer le moral de la Nation.

Mais, pour revenir aux tribunaux, assurément ils étaient mieux composés en 1792 par les élus des assemblées électorales, qu'ils ne l'ont été sous Buonaparte. Les hommes les plus habiles et les plus respectables y avaient été généralement appelés, et s'étaient sentis honorés du choix des hommes les plus éclairés du district. Il n'arrivera à personne de leur comparer les tribunaux de Buonaparte : ceux-ci ont montré que si les intrigues des assemblées d'électeurs ont leurs inconvéniens, les intrigues de cour en ont encore davantage.

Quel est le besoin du Roi, du chef suprême du pouvoir exécutif? Que la loi soit exécutée. Mais, pour y tenir l'œil et la main, n'a-t-il pas son homme près chaque tribunal? Le procureur du Roi fait contrepoids avec les juges nommés par le peuple. Si tous, les juges et la partie publique, tiennent leur commission de la même autorité, ils sont intéressés à la flatter de concert, et la flatterie s'établit à l'unisson, prend la place du devoir, que n'aurait cessé de stimuler un état de choses différent, où l'un est surveillant et les autres surveillés. S'il ne faut au chef du pouvoir exécutif que des garanties, assurément il les a dans cette surveillance et dans le droit de faire destituer le juge infidèle à son devoir.

A côté de cet abus, je vois s'en glisser un autre bien terrible qui peut être la clef de la voûte des abus. Une garantie, reconnue chez nous, pour les justiciables, c'est la publicité des audiences. D'après la nouvelle Constitution, les audiences des tribunaux pourront être secrètes, quand ils le jugeront convenable. Ne craint-on pas que ces tribunaux à huis clos ne deviennent des tribunaux ardens! qu'on n'abuse de cette faculté de masquer la justice, sous prétexte de décence? Ce ne serait pas la première fois qu'on aurait vu le masque spécieux destiné à couvrir des nudités, couvrir d'horribles iniquités; et on en pourrait citer un trop grand nombre d'exemples encore récens. Cette disposition maintenue, on ne peut donc trop s'appliquer, pour prévenir les abus, à spécifier le petit nombre de cas où les audiences pourront être mystérieuses. N'oublions pas que les tribunaux de Robespierre et de Buonaparte, ou, si l'on veut, du *Robespierre à pied* et du *Robespierre à cheval*, ont principalement contribué à l'odieux de leur règne. Le tribunal révolutionnaire de Paris et le tribunal ardent qui vient tout récemment de décimer la ville de Caen, parce que, livrée aux horreurs de la faim, elle disait qu'elle avait faim, rediront aux âges futurs l'humanité des hommes avides de pouvoir. Ils feront sentir aux contemporains l'impérieuse nécessité d'assujettir la formation et l'exercice des tribunaux à des formes préservatrices....

Dans son ensemble, la Constitution ne me paraît pas établir une exacte pondération des pouvoirs. Il est vrai qu'un des principaux moyens de juger s'il pourra y avoir équilibre est ôté par le silence qu'elle garde sur les assemblées primaires. Les pouvoirs du Roi doivent être en raison des difficultés de l'exécution. Celle-ci est plus ou moins facile, selon que la cité est plus ou moins bien composée. Dites-moi quels en sont les élémens, quels individus y entrent, qui est appelé à être citoyen, et je vous dirai quelle sera désormais la force des lois dans la *Cité*, et, par suite, sur tous les habitans que contient le pays. Ainsi le silence inouï de la nouvelle Constitution (qui plutôt n'est qu'une *Ordonnance de réformation*) sur la composition de la cité, nous ôte le moyen de juger de la balance qui peut s'établir entre elle et le gouvernement destiné à gérer ses affaires.

Nous ne pouvons donc qu'examiner approximativement le poids relatif des trois grands pouvoirs entre eux, le législatif, l'exécutif, et le judiciaire.

Je crains bien que la charte royale n'accable le monarque d'une trop grande autorité, de fonctions trop étendues. Il a la nomination des tribunaux et de toutes les administrations. Quant au pouvoir législatif, il a la nomination de la chambre des pairs, et peut dissoudre à volonté celle des représentans; il a seul l'initiative des lois avec la sanction, de sorte que ne pouvant se faire de lois que par le monarque, toute la responsabilité *morale* pèse de fait sur lui. Il a seul le pouvoir exécutif; seul le pouvoir de faire la guerre et la paix : or, de ces trois pouvoirs qui constituent la souveraineté, le Roi, absorbant presque le premier et ayant entièrement les deux autres, dira-t-on que c'est là une monarchie limitée ou modérée? un gouvernement mixte sagement pondéré? Chez les Grecs, dans les temps héroïques, l'usage qui considérait le monarque comme seul juge et seul général, lui donnait en conséquence le droit de faire exécuter les lois que le peuple faisait, et lui laissait celui de faire la guerre et la paix. Mais il faut considérer quels étaient ces Etats, bornés au territoire d'une ou de deux à trois villes. En partant de cette considération, on ne peut qu'être effrayé de ce colosse insensé de puissance donné au monarque français, ou plutôt qu'on lui a fait prendre en vertu d'une prétendue hérédité qui, existât-elle, ne serait pas un titre suffisant, les droits sacrés de la Nation étant imprescriptibles. Ajoutez qu'il est le chef suprême de l'armée, d'une armée de deux cent mille à huit cent mille hommes, au lieu de quinze à vingt mille hommes que pouvait avoir une armée des Grecs, et l'on verra que ce n'est pas chez eux, mais chez nous, que l'on croit trouver un homme qui a toutes les forces d'Hercule.... Insensés! insensés! ou, ô mauvaise foi! vous voulez faire de celui que nous attendions et avons reçu comme notre père un autre Buonaparte, un despote sans frein !.... C'est un grand malheur pour lui et pour nous, qu'il affectionne, nous en sommes sûrs, comme ses enfans. C'est un grand malheur, surtout si l'on considère qu'il a la disposition des finances. Or, pour peu que ses ministres se jouent de la responsabilité, ce que l'on sait n'être pas un phénomène politique, quel sera le contre-poids ?.... Sera-ce la chambre des représentans qui peut, à la vérité, les accuser? Mais n'est-ce pas la chambre des pairs, nommés par le Roi, aussi bien que les ministres, qui les juge? D'ailleurs ne peuvent-ils pas venir prendre séance dans la chambre des représentans, y combattre, peut-être y imposer silence (il y a plusieurs moyens pour cela ) à l'honnête représentant, qui n'a, pour le soutenir, que ses bonnes intentions, et qui aura osé élever la voix contre leurs déprédations ?

Tout cela est ainsi, nous dira-t-on, en Angleterre : le Roi y est chargé de tous ces pouvoirs. Oui, mais on ne nous dit pas que, s'il en abuse, le remède est tout à côté, et que le parlement peut changer l'ordre de la succession au trône, et même la dynastie. Voilà donc un contre-poids immense du côté du pouvoir législatif, que nous n'avons pas ici. Ici vous n'avez qu'un Roi revêtu de pouvoirs démesurés, et *inviolable*.

Enfin je crains bien, et cette crainte m'agite vivement, que le Roi ne soit cruellement exposé par cette charte dite constitutionnelle, ainsi que le peuple, par ce défaut de pondération que je viens de remarquer. Une fois cette machine politique en train, le Roi est obligé de se livrer au mouvement qui lui est propre, lequel sera en raison du poids et de la masse de son autorité. Mais si ce poids et cette masse sont trop lourds, relativement aux autres parties de la même machine, l'équilibre est rompu; et ne pouvant plus arrêter un mouvement d'une intensité immense, que rien ne contre-balance dans son jeu impétueux (car comment avoir la main à tant de parties diverses si éloignées ?) la machine est renversée, et le Roi entraîné avec les autres corps qui en font partie.

Je l'avais dit à Buonaparte : « Le fardeau que vous » amoncelez sur votre tête vous accablera, Sire (car » moi je cherche par-dessus tout la stabilité de mon » gouvernement ); il est au-dessus des forces d'un » homme, je ne dirai pas modeste, mais qui aurait „ même les forces d'Hercule ». Je n'avais pas de canon; et que faire contre un homme qui n'entend pas d'autre

raison que celle-là? Se taire? c'est le parti que j'avais
pris avec toute la France. Ce silence accusateur disait
plus que des PHILIPPIQUES *de la part des Français.*

Passons enfin à ce qui touche la garantie de *la li-*
*berté individuelle*, et celle *du respect des propriétés*, qui
sont le principal but de tout pacte social, après la désignation des parties contractantes et la séparation des
pouvoirs, choses qui n'ont même lieu que pour at-
teindre cet unique but. Ces deux grands objets ne me
paraissent pas suffisamment garantis, à beaucoup
près.... Voici les deux articles de l'*Ordonnance de*
*réformation* qui s'y rapportent.

« Leur liberté individuelle ( des Français ) est éga-
» lement garantie, personne ne pouvant être pour-
» suivi ni arrêté que dans les cas prévus par la loi,
» et dans les formes qu'elle prescrit ». ( Art. 4. )

» L'Etat peut exiger le sacrifice d'une propriété
» pour cause d'intérêt public légalement constaté,
» mais avec une indemnité préalable ». ( Art. 10. )

Pourquoi, pour *la liberté individuelle*, au lieu d'une
garantie vague, incertaine, ne pas donner une garantie assurée par des formes protectrices? Pourquoi
s'en remettre, pour ces formes, au dédale des lois ordinaires, qui peuvent finir par rendre tout-à-fait illusoire la garantie que la Constitution donne, par les
actes multiformes ou décevans qu'elles établiront?

D'ailleurs *la liberté individuelle* étant le premier
objet de la loi fondamentale, comme *le respect des*
*propriétés* en est le second, on ne peut renvoyer les
formes essentielles qui doivent l'assurer, ou plutôt qui
en font partie, aux lois de détail, trop mobiles de
leur nature, et surtout trop volumineuses, pour pouvoir remplir l'objet qu'on se propose ici. Il faut que

chaque Français trouve la garantie de ce qui lui importe le plus, *la liberté individuelle* et *le respect des propriétés*, dans la Constitution même. Il faut qu'elle lui serve de *palladium*, et qu'ayant à la main les quatre ou cinq pages qui la composent, il puisse dire : « Je suis roi chez moi : le Roi est inviolable ; mon » domicile l'est aussi durant la nuit; et si durant le » jour vous m'arrêtez, vous venez troubler ma liberté » individuelle; il faut que l'on me délivre de suite » l'ordre en vertu duquel on agit, et que je sois tra- » duit de suite devant le magistrat. N'oubliez pas que » je suis Français ».

La charte justement célèbre de l'*habeas corpus*, le premier fondement de la liberté anglaise, ne s'est pas bornée à établir vaguement ( ce qui veut trop souvent dire illusoirement ! ) *la liberté indivi-duelle*. Elle a aussi consacré en deux mots ( et ici ces deux mots sont tout ), les formes matérielles qui garantissent cette garantie morale. Voici ces deux mots : « Dans les six heures qui suivent l'arrestation » d'un Anglais, le geolier est tenu de lui donner » copie de l'ordre d'arrestation ; et trois jours ne » peuvent s'écouler sans qu'il soit conduit *en personne* » devant le magistrat ».

Le sens du titre de la charte renferme même cette dernière disposition, HABEAS CORPUS, signifiant *ayez le corps*.

La Constitution de 1791 consacre les mêmes pré-cautions que la charte anglaise ; mais, au lieu de trois jours de délai, elle a voulu que le Français arrêté en vertu d'un ordre quelconque comparût devant le magistrat dans les vingt-quatre heures ; que nul ne pût être emprisonné sans avoir été préalablement conduit devant le magistrat, afin que si l'arrestation est illégale on soit mis sur-le-champ en liberté. Elle a voulu aussi que la détention ne pût se réaliser que dans le lieu légalement et publiquement désigné à cet effet ; que l'auteur de toute détention arbitraire fût déclaré coupable... Enfin la Constitution de 1791 est peut-être la seule de toute l'Europe qui, en garantissant *la liberté individuelle*, ait environné cette garantie de toutes les formes qui peuvent l'assurer.

Il suffit d'y méditer un instant la matière que nous examinons (1), pour se convaincre combien cette Assemblée constituante était éminemment douée du génie législatif.

Enfin, non-seulement la liberté individuelle ne me paraît pas suffisamment établie, mais c'est qu'il y a des dispositions dans l'Ordonnance de réformation qui en assurent la violation impunément. Telle est celle qui dit que *les ministres ne peuvent être accusés que pour fait de trahison ou de concussion.*

Ils ne pourront donc l'être pour fait d'attentat contre la Constitution, ni contre *la liberté individuelle*? Je pourrais accuser un ministre concussionnaire pour avoir attenté à ma propriété, et je ne le pourrai pas quand il attentera à ma personne ! Eh ! que me font mes propriétés, lorsque ma personne sera en proie à l'arbitraire légal, à l'arbitraire organisé !... Oui, ce sont évidemment là de ces lacunes anarchiques et funestes, qui ne peuvent qu'avoir été inaperçues : il faut en avertir le législateur.

_____

(1) Voyez les articles 155 à 181 de la Constitution de 1791, commentée, etc. ; édition de *Lebègue.* On trouvera dans les notes lumineuses de cette édition d'autres preuves de ce que j'avance.

La Constitution de 1791 ne présente pas une pareille réticence. Elle dit, au contraire : « que les ministres » sont responsables de tout attentat à la *propriété* et à » la *liberté* individuelles ». Eh! contre les attentats de qui la Constitution me mettra-t-elle à l'abri, si ce n'est contre ceux des hommes les plus puissans de l'État, auxquels elle donne au contraire un brevet d'impunité? Quoi! pendant que, rempli de confiance dans les assurances paternelles de mon gouvernement, je me livrerai au repos, dans une parfaite sécurité, un ministre pourra attenter à ma liberté, faire violer de nuit mon domicile, me plonger dans les cachots comme un scélérat qui aurait attenté à la propriété et à la sûreté de ses concitoyens, et il ne pourra seulement pas être accusé!... Oui, je le répète, ce sont évidemment là de ces lacunes funestes et anarchiques qui ne peuvent qu'avoir été inaperçues : il faut en avertir le législateur.

Mais, pour la propriété, pourrai-je mieux accuser le ministre qui aura attenté à la mienne? Ne me répondra-t-il pas, que ne pouvant être accusé en fait de propriété que comme *concussionnaire*, cela ne s'étend pas au cas dont je me plains, qui est, je suppose, d'avoir été dépouillé par le plus dur arbitraire, de la cargaison de plusieurs navires, comme on en a eu tout récemment plusieurs exemples dans la Hollande (avant sa délivrance); que *concussionnaire*, exacteur, s'entend de celui qui, en fait de levée d'impôts, exige avec dureté et au-delà de ce qui est dû; que la spoliation dont je me plains n'est point un excédant d'impôts perçus, ni même une dureté, puisque, s'il avait voulu, il aurait pu aussi me faire arrêter et emprisonner, sans que je pusse même l'accuser, n'étant pas responsable des attentats *à la liberté individuelle*, pas plus qu'il ne l'est des attentats *à la propriété individuelle;* que je n'ai qu'à bien lire la Constitution; qu'au reste, les attentats à la liberté et à la propriété individuelles, ce sont là de ces petites libertés qu'elle a dû laisser à la discrétion des ministres d'un grand État!....

Cette discussion indécente, subversive, et qui sape les fondemens de toute société, disparaît devant les deux mots de la Constitution de 1791 (1) : *les ministres sont responsables de tout attentat à la liberté et à la propriété individuelles.*

On regrette que la nouvelle Constitution n'ait pas consacré un principe si simple, si lumineux, si essentiel.

On regrette encore qu'elle n'ait pas consacré et garanti le principe de sociabilité , « que les citoyens ont le droit » de s'assembler librement , paisiblement et sans armes » pour discuter leurs affaires personnelles , s'occuper » d'objets de littérature , etc. ».

La Constitution de 1791 met cette faculté au nombre des dispositions fondamentales qu'elle garantit. Voici comment elle s'exprime : « La Constitution garantit » comme droits naturels et civils.... la liberté aux ci- » toyens de s'assembler paisiblement et sans armes, en » satisfaisant aux lois de police ».

Nous avons ici assez de Français qui ont séjourné en Allemagne pour savoir que c'est un usage qui y est uni- versellement établi , sans parler de l'Angleterre , etc. On sait aussi que , de voir ces paisibles réunions troublées, c'est ce qui a le plus contribué à faire détester en Hol- lande le joug français.... Que dis-je ? est-ce que la France a jamais été complice du Corse pour toutes ces basses tracasseries ?

---

(1) Voyez article 97, série entière de l'édition précitée.

On a dit qu'il fallait regarder comme un bonheur que le Roi eût annoncé qu'il concourrait lui-même à la Constitution, avec les commissions du Sénat et du Corps législatif; par contre, il faut regarder comme un bien grand malheur, qu'occupé de la paix du monde, une des plus difficiles qui ait jamais été faite, il n'ait pu se livrer tout entier au travail important de la LOI FONDA-MENTALE à laquelle il avait promis de concourir; mais qu'il ne paraît que trop qu'il a été obligé, dans ces circonstances, de confier à des hommes à préjugés ou peu habiles, moins capables que lui.

Quant à la manière dont l'ouvrage est digéré, sous le rapport de l'ordre dans les matières, on peut dire, sans crainte d'être démenti, que c'est une mauvaise digestion. Si certains Lucullus étaient encore là, on pourrait croire que ceci se rapporte à une réplétion, mais il faut convenir que, malgré la tâche laborieuse qu'ils imposaient à leur estomac, leur tête digérait bien ce qui en sortait; que, si on leur reproche de ne s'être pas respecté dans leur intérieur, ils se respectaient du moins assez en public pour ne pas y produire de simples ébauches; qu'enfin plusieurs de leurs harangues au Sénat, aux adulations près, qui sont des ornemens de cour convenus, étaient moins ridicules que les autres, où l'on faisait fumer l'encens d'une fumée si prodigieusement épaisse, qu'il n'y avait pas de lecteur tant soi peu délicat qui n'en fût abasourdi. Je ne veux pas dire par-là qu'ils ne fussent pas les soutiens du tyran; je veux dire, au contraire, qu'ils en étaient les plus fermes appuis... Et à juger des protecteurs par beaucoup de leurs protégés, quels hommes que ce devait être !......

Mais revenons. La nouvelle Constitution est véritablement mal ordonnée.

1º Il y a un titre sous la rubrique : *Droits publics des Français*. Est-ce que ce titre est plus du droit public que les autres? Est-ce que toutes les dispositions qui composent ou doivent composer une Constitution ne sont pas essentiellement du droit public? Toutes sont droit public, puisque le droit public a pour objet exprès et unique d'organiser le corps politique et de régler les rapports de chacun de ses membres, les fractions de ce même corps, avec le tout; tel est évidemment le seul objet d'une Constitution, pour cela appelée loi *fondamentale et politique*. Elle doit se composer de dispositions nécessairement très-générales et d'une grande fécondité, dont les lois ordinaires ou de détail donnent ensuite le développement ( *V*. p. 37 à 46.)

2º Les abolitions qui ne font pas réellement partie de la Constitution, puisque celle-ci ne fait que régler ce qui doit être, devaient être comprises dans le préambule, comme l'abolition des droits réunis, qu'on peut bien appeler droits désunissant, exaspérant, brouillant, confondant, détruisant tout! Abolition à laquelle, soit dit en passant, on aurait pu en ajouter d'autres, notamment celle de la régie des tabacs, si toutefois elle n'est pas supprimée avec celle des droits réunis dont elle fait partie intégrante, ainsi que celle du sel, l'usurpation que le gouvernement précédent a faite des fabriques de tabac ayant bien des inconvéniens, comme celui de ruiner les familles spoliées; de fournir au public une marchandise beaucoup plus chère et infiniment inférieure; de rendre le gouvernement l'auteur d'un monopole qui, pour quelqu'objet que ce soit, sera toujours odieux. Et tout cela à pure perte pour lui : car, trompé comme on assure qu'il l'est dans son attente, il ne serait pas sûr d'avancer qu'il n'aurait pas un bénéfice bien plus réel sans être odieux, par les contributions qu'il lèverait sur cette branche de commerce, par les ressources que cela laisserait à l'agriculture, que l'on a vue bien plus brillante dans les départemens à tabac, pendant qu'elle y a été libre, et par conséquent d'un plus grand produit pour le gouvernement, l'impôt territorial se percevant dans la proportion du revenu net.

3º Les garanties *perpétuelles*, comme celle de l'admissibilité de tout Français aux places ; de l'égale répartition des contributions ; des mêmes peines pour les mêmes délits ; de la liberté de la presse ; le droit de pétition, la tolérance, l'inviolabilité des propriétés, la sûreté individuelle, la garantie des aliénations, la création d'établissemens d'extinction de mendicité, d'instruction publique, la création même de fêtes nationales destinées à rappeler le souvenir de la restauration : tout cela fait ou devrait faire partie d'un titre à part, au lieu d'être parsemé çà et là dans une Constitution ; tout cela ce sont les bases de la Constitution, mais ne saurait être la Constitution elle-même, qui se compose de dispositions impératives, et non de principes proprement dits ; aussi la Constitution de 1791 présente-t-elle très-judicieusement toutes ces choses en tête de la loi politique, sous le titre de *dispositions fondamentales garanties par la Constitution.*

4º Les garanties *viagères ou passagères*, comme toutes celles qui n'auront d'effet que durant la vie des personnes qu'elles concernent, ainsi que les emplois et pensions des militaires, les pensions accordées à leurs veuves, l'interdiction de la recherche des opinions et votes émis jusqu'à ce jour, etc. Ces dispositions, qui ne sont pas assurément des dispositions constitutionnelles, ou de droit public, devaient être sous le titre de dispositions *transitoires*, puisqu'elles ne sont que cela. Mais toutes ces dispositions pécuniaires, répandues dans l'ensemble de la nouvelle Constitution, lui donnent l'air d'un édit de finance, d'un amfigouri, et lui ôtent réellement de sa majesté, outre que ces choses coupent réellement le fil des dispositions essentielles et vraiment constitutionnelles, de celles qui se rapportent à tous les Français et à tous les temps, que j'appelle perpétuelles, puisqu'elles dureront autant que la Constitution que l'on doit désirer de voir se perpétuer en effet; mais, pour cela, il faut qu'elle arrive à cette garantie complète des droits fondamentaux, à cet ordre, à cet ensemble lumineux qui doit en faire la perfection, qui est la première base de perpétuité. Puisse-t-elle alors, comme celle de la Chine, durer deux mille ans!

Mais pourra-t-on jamais nous persuader que si les dispositions essentielles et vraiment de droit public, qui garantissent à toute la Nation *la liberté* et *le respect de la propriété individuelles* n'y ont pas trouvé place (1), on a dû y placer des garanties d'intérêts partiels, de pensions, etc. ?

Toutes ces choses-là ne devaient-elles pas naturellement faire l'objet d'un Édit particulier, comme celui qui concerne les pensions des sénateurs supprimés ? Toutes ces choses-là, ne sont-ce pas des avantages partiels accordés à des individus qui ont été au service de l'Etat? Si le cas est le même, pourquoi distinguer ? Si les avantages accordés à ceux-ci ne sont pas évidemment une matière de droit public, ceux accordés à ceux-là ne le sont pas non plus, ou si les uns le sont, les autres le sont également, puisque

(1) Voyez ci-dessus, pag. 57 à 60.

5

le cas est le même. Distinguer ce qui est semblable, et confondre ce qui ne l'est pas, c'est la confusion même.

5°. On est encore étonné de voir que l'on ait établi un titre sous la rubrique de *Droits particuliers garantis par l'Etat*, sous laquelle figure l'assurance aux militaires de continuer à jouir de leurs pensions, tandis que dans le titre intitulé *Droits publics des Français* figurent les pensions des ecclésiastiques. Ne sont-ce pas également des pensions promises? Sous ce titre-là encore figure l'institution de la noblesse, sous celui-ci celle du clergé. Ne sont-ce pas des ordres que la Constitution distingue, auxquels elle assure des avantages particuliers, parce qu'elle en attend des vertus, des services particuliers? Pourquoi donc les ranger dans des titres différens?

Est-ce que les traitemens accordés aux ecclésiastiques sont plus du droit public que les pensions accordées aux militaires et à leurs veuves? Je ne le crois pas. Tout cela, ne sont-ce pas des rétributions, des avantages partiels? Mais dans la rubrique de l'un de ces titres, dira-t-on peut-être, l'Etat *garantit*, et on ne le dit pas de même dans l'autre. Peu importe. Qu'est-ce qui empêchait, tout en comprenant ces articles sous le même titre, puisqu'ils sont tous de même nature, de les distinguer par la rédaction, en disant, au sujet des ecclésiastiques, simplement qu'*ils recoivent des traitemens;* et, au sujet des militaires et de leurs veuves, qu'*on garantit leurs grades, honneurs et pensions.....*

Mais on ne revient pas d'étonnement, lorsque sous la rubrique *Droits particuliers garantis par l'Etat*, on voit figurer le serment du Roi. J'ai cru d'abord que ce ne pouvait être qu'une transposition typographique; je l'ai vérifié dans d'autres éditions; mais toutes sont exactement les mêmes.

Si le serment du Roi, qui assure l'exécution de la Constitution, la jouissance des droits, n'est pas d'un intérêt général, n'est pas du droit public, qu'est-ce donc qui en est ? Comment donc peut-on le considérer comme une matière d'intérêt particulier ? mais particulier à qui ? Au Roi ? Mais le Roi prête serment à la Nation, ou dans l'intérêt de la Nation, sans doute. Et le serment que prête le Roi, tous ses successeurs devront le prêter également. Ce serment se rapporte à tous les Français; il assure, encore un coup, la fidèle exécution de la loi fondamentale, qui garantit les droits respectifs de la Nation, d'un côté, et, de l'autre, les droits et les devoirs du Roi; il se rapporte également à tous les temps : donc il est d'un intérêt général et perpétuel; donc quelle matière fut jamais plus une matière de *droit public* et non de *droits particuliers*, de *droits particuliers garantis par l'Etat !*

Mais qu'est-ce que ces garanties données par la Constitution ? Ce sont des garanties données par le Roi et la Nation. Or le Roi se garantit-il ici à lui-même qu'il prêtera le serment ? ou est-ce la Nation qui se garantit qu'il lui sera prêté par le Roi et ses successeurs ? Mais, d'un côté, on ne se garantit pas à soi-même; de l'autre, la Nation ne peut rien se garantir, ou plutôt rien ne lui est garanti à ce sujet par l'*Ordonnance de réformation;* car si un successeur du Roi, un héritier présomptif de la couronne, ne veut pas prêter le serment, qu'en sera-t-il ? Aura-t-il par ce seul fait encouru la déchéance ? La Constitution ne la prononce pour ce cas, ni pour aucun autre. Le Roi fera ce qu'il voudra. Il n'y a que la déchéance des représentans de la Nation qui peut être méritée. Le Roi,

5.

comme le Pape, est infaillible. Un ÉVÊQUE adulateur disait bien à Buonaparte : Vous êtes le représentant *de Dieu sur la terre* (1). Un païen a fait l'observation : *Mais qu'est donc le Pape?* Enfin, si le Roi est *infaillible*, il était inutile de le déclarer *inviolable*. Mais si la Nation n'est pas invulnérable, et si un Roi est faillible au point de devenir un despote, un fléau, un Néron, un Caligula, disons mieux, un Buonaparte, alors la Nation sera-t-elle obligée de souffrir en silence d'être décimée, plongée dans la misère, traînée dans la boue, et d'extravagance en extravagance, sans pouvoir prononcer la déchéance? Cela répugne au droit naturel, au droit public et civil; c'est le bouleversement des garanties de la *liberté individuelle* et du *respect des propriétés*; cela révolte le sens commun, la religion, l'humanité même, qui permet qu'on pardonne à un coupable Roi, qu'on lui ôte légalement la puissance, sans être obligé de le tuer. N'est-ce pas ce qui serait inévitablement arrivé à Buonaparte, si le Sénat n'avait pas déclaré sa déchéance, qui lui ôte une funeste autorité, mais qui lui conserve la vie? événement bien salutaire; car une goutte de sang répandue dans cette révolution pouvait en faire répandre des torrens. Nos bons Princes l'ont bien senti. Aussi quelle vigilance, quels soins affectueux et paternels n'ont-ils pas mis à en prévenir l'effusion! Tel HENRY IV offre à ses enfans, vaincus et soumis par son cœur, plutôt que par ses armes, le spectacle touchant d'un bon père qui n'a de prédilection que pour l'humanité, de choc à soutenir que contre l'empressement de ses sujets, ardens à l'entourer, pour jouir du plus beau spectacle qu'on puisse voir sur la terre, celui d'un bon roi!.....

_____

(1) L'évêque de Liége.

Ne croyez pas, ô Français! que ce soit une manie sati-
rique qui m'ait porté à dire tout ce que j'ai dit de l'*Ordonnance de réformation*. L'ensemble en est excellent ;
mais elle est incomplète sous certains-rapports, et er-
ronnée sous d'autres. Je la voudrais ( et il est bien permis de désirer ce qu'on croit utile ) la plus parfaite *possible*. Telle qu'elle est, si vous en aviez eu une pareille
en 1789, vous n'auriez pas eu cette terrible révolution.
*L'égalité proportionnelle des contributions est consacrée ;
— tous les Français sont admissibles aux places et emplois, selon leurs talens et leurs vertus ; — la liberté de
la presse est garantie* (croyons que ce ne sera pas un
vain mot, comme sous Buonaparte); — *la tolérance
consacrée;—la liberté et la propriété individuelles* ne sont
pas complétement établies, il est vrai, non plus que la
responsabilité des ministres à ce sujet, eux qui peuvent
le plus y porter atteinte. Mais on peut y revenir ; et il suffit
de connaître les dispositions de notre bon Roi pour être
persuadé que la Constitution ne restera pas imparfaite
sous ces trois rapports essentiels.

Vous ne devez point voir dans ces observations un
ennemi du Roi et des maximes nouvelles. Vous vous
tromperiez grossièrement. Froissé par le despotisme
démagogique , froissé par le despotisme monarchique
de Buonaparte, dont les désordres ont fait tomber un
établissement de 500,000 francs qu'il possède, et qu'il
ne peut, et n'espère plus raviver qu'avec le retour de
l'ordre , l'auteur de ces observations a été un des
premiers qui ont pris la cocarde blanche, écrit contre
l'ancien et pour le nouvel ordre de choses; il a été un
de ceux dont l'enthousiasme a été le plus vif, non par
l'espoir de vengeances et de faveurs, il ne demande
des unes ni des autres, mais l'espoir du retour réel à

l'ordre. L'auteur a donc vu l'entrée de Louis XVIII
dans notre capitale, comme celle d'un Être tutélaire,
qui seul pouvait sauver la France en ce moment ;
comme celle d'un frère de Louis XVI, qui, sans les
passions désordonnées, déchaînées sous son beau règne,
et qui en rendirent la fin malheureuse, aurait régné
sur la France selon les seules maximes qu'elle comporte
aujourd'hui.

Voilà mes sentimens. Je ne suis ni l'ennemi, ni le
flatteur du Roi. Le flatteur ! j'ai trop besoin de lui, ainsi
que tous les Français ; je le respecte et l'aime trop pour
vouloir le prendre pour dupe !... C'est en disant la vérité aux Rois qu'on les sert, non en se prosternant à
genoux, attitude réservée à l'adoration de Dieu seul,
qu'il est conséquemment sacrilége de prendre devant
une vile créature, car tout est vil et néant auprès de
lui. Eh ! si je me mets à genoux devant un homme,
comment serai-je donc devant l'Eternel ? Je ne pourrai
m'y présenter que la face prosternée contre terre : car on
ne me persuadera jamais que je doive paraître devant
Dieu et devant un homme de la même manière. Ce serait vouloir élever la créature à la hauteur du créateur.
Mais on sait les paroles de l'Écriture : *Qui s'élève s'a-
baisse*, etc.

Si l'on voulait m'enseigner le secret d'être utile en
politique sans dire la *vérité*, je le suivrais volontiers,
ce beau secret : mais je n'y crois pas. Ainsi j'ai pris
simplement le parti adopté par les hommes de bien
qui l'ont dite, la disent et la diront toujours, quelque
péril qu'il puisse y avoir.... Malheur au pays où ils
sont contraints de se taire ! Nous venons d'en avoir
l'exemple récent : un homme, ou plutôt un fléau, ac-
coutumé à nager dans des flots de sang, après avoir

été un des brûlots subalternes de la révolution, devient le coryphée de la sanglante journée de *Saint-Roch;* et, couvert du sang de ses concitoyens.... mais non! ils n'étaient pas ses concitoyens, c'étaient des Français, le Corse n'était pas Français.... Ce cannibale affreux s'élève à la puissance ; car ce fut là la première marche de son trône.... O Français!..... Français!..... Or que pouvait-on attendre d'un tel Roi, que des choses dignes de son origine? Après avoir tué les Français en masse et en détail, il voulait tuer le moral de la Nation, car pour lui, il s'agissait toujours de tuer; et c'est le moral de la Nation qui l'a précipité, lorsqu'il croyait l'avoir réduite au silence, par ses bâillons et ses mille éteignoirs. A quoi lui ont servi ces bâillons, ces éteignoirs? Précisément à produire ce qu'il voulait éviter. Aussi, lorsqu'il a vu que son arrêt était porté dans l'opinion de l'Europe, il a avoué que c'était l'*Angleterre qui y faisait l'opinion.* Un IDÉOLOGUE, c'est-à-dire un homme qui raisonne (et c'est apparemment parce qu'il n'aimait pas ces hommes-là qu'il ne voulait pas leur ressembler), aurait vu qu'il était mort politiquement; il n'aurait plus songé qu'à la résurrection. M. *Lainé*, organe du Corps législatif, lui en avait indiqué les moyens. Mais parce qu'il avait osé parler de *garanties* pour la Nation, il lui dit qu'il était un *méchant....* Aveugles despotes ! c'est vous qui êtes méchans contre tous, et contre vous - mêmes : aussi, vous voulez étouffer la vérité; mais la vérité, plus forte que les tyrans, vous étouffe.

# CHAPITRE IV.

*Application de la Puissance de la Liberté de la Presse à l'exécution de la Constitution.*

Ce n'est pas le tout d'avoir des lois, il faut encore qu'elles soient exécutées. On l'a répété souvent, et avec raison, c'est un grand mal sans doute que l'inobservation même des plus mauvaises lois ; parce que l'exemple de l'inexécution finit par passer des mauvaises aux bonnes, et qu'elles finissent toutes par tomber dans le mépris et en désuétude.

Mais c'est ici, dans l'exécution qui exige une action perpétuelle, que les écarts, les abus sont les plus fréquens ; c'est ici conséquemment qu'il faut une plus grande surveillance. Celle de tous les membres du Corps social ne peut être de trop. L'Assemblée constituante, qui réunit tant de profondeur à tant de talens brillans, l'avait très-bien exprimé en mettant la Constitution sous la sauvegarde de tous les Français. Malheureux Français ! le jour où cette Constitution, vraiment libérale, a été renversée malgré vous, vous avez peut-être fait un divorce éternel avec le vrai bonheur social !

Mais si chaque fonctionnaire français, chargé de l'exécution, est averti d'avance que chaque transgression de la loi qu'il commettra peut, d'un bout de la France à l'autre, être confiée au papier, être connue d'un public éclairé, qui tient à ses lois à proportion qu'on lui montre à les chérir, à les respecter et à les défendre ; s'il sait que ce même papier révélateur et réparateur peut parvenir en peu de jours au chef suprême du pouvoir exécutif lui-même, qui doutera que cette sentinelle, alors même qu'elle sera endormie, ne soit toujours présente à son esprit, et qu'il ne se. figure être sous ses yeux ?

On ajoutera peut-être que des écarts involontaires deviendront quelquefois l'objet d'une critique qui, dans le fond, n'était pas méritée. C'est dire que chaque médaille a son revers, chaque chose son bon et mauvais côté; que l'arme dont on se sert pour une légitime défense dans les combats peut aussi être employée à un usage moins légitime. Sans doute, tout cela est vrai; mais on ne cesse de faire des médailles, malgré le revers; on ne proscrit point l'usage d'une chose, comme le pain, parce qu'il peut donner une indigestion, ni celui des armes défensives, parce qu'il arrive qu'on en a fait un mauvais usage. En tout il faut voir si le bon l'emporte sur le mauvais, ou plutôt si le bon usage l'emporte sur l'abus. Cette règle n'est pas nouvelle, mais elle n'est pas toujours mise en pratique dans nos jugemens.

Or, si un fonctionnaire peut avoir quelquefois à rougir d'une méprise, dont il lui sera d'ailleurs facile de se disculper par l'ensemble de sa conduite, et surtout en s'observant mieux à l'avenir, combien, d'un autre côté, de délits, d'affreux passe-droits, de persécutions ne seront pas dévoilés, ou plutôt prévenus par la liberté de la presse!.... soit dans l'exécution générale de la Constitution, soit dans quelques-unes de ses branches diverses.

§. Ier. *Application de la Puissance de la Liberté de la Presse à l'exécution en général.*

La meilleure loi peut, comme disent vulgairement les procureurs, recevoir l'*entorse* dans l'application.

Cela est vrai surtout de la Constitution. La généralité
de ses règles, comme de toutes celles du droit public ou
fondamental, prête davantage au vague de l'exécution,
même aux erreurs, et surtout aux mauvaises intentions,
particulièrement lorsqu'il s'élève de ces crises politiques où chaque parti tourmente, au gré de ses passions,
la lettre et l'esprit de la Constitution. Tout le monde en
parlera, peu seront exempts d'erreur. Qui montrera, à
la lueur salutaire de la lumière constitutionnelle, la
route qu'il faut suivre ? Ce sera le profond publiciste qui, dans le silence de la retraite, pesant vos
erreurs, vos opinions, incliné sur l'autel de la Constitution, vous montrera la doctrine orthodoxe, la
doctrine qui, conforme à-la-fois à la lettre de chaque
disposition et à l'esprit de l'ensemble, est la seule
bonne, la seule que vous puissiez suivre, pour ne pas
contrarier les vues du législateur; en un mot, pour faire
ce qu'il a voulu, et fuir ce qu'il a entendu éviter. Car,
une fois la loi faite, elle ne comporte plus de discussion, il n'y a qu'un respect vraiment religieux qui
puisse convenir à son culte.

Voilà, sur ces graves matières, ce que le publiciste
montrera à vos fonctionnaires, peut-être quelquefois au
chef suprême du pouvoir exécutif lui-même, trop ab-
sorbé dans ses immenses occupations, pour pouvoir
toujours se livrer à ces profondes méditations qu'exige
souvent la plus petite difficulté en apparence, mais qui
se trouve être très-grande, si l'on envisage que l'adop-
tion précipitée d'un faux système d'application peut
dénaturer la loi au point d'en rompre l'unité et l'ensemble d'exécution, et finir par rendre l'exécution
embarrassée, difficile; d'où résulteront bientôt des
froissemens qui vont rompre l'harmonie sociale, non

par la faute de la Constitution, mais par le faux système d'exécution.

Voilà, dis-je, ce que fera le profond publiciste, ami
de son pays, s'il a la garantie certaine que son travail,
le fruit de ses veilles, que le flambeau avec lequel il
vient vous éclairer, ne peut pas être éteint d'un souffle :
votre ouvrage est *suspect*. — Suspect! Et pourquoi? —
Suffit, on ne peut en permettre l'impression. — Mais
savez-vous l'effet qu'il produirait? — Je dois le savoir,
puisque je suis établi pour en juger d'avance. —
D'avance! Mais au moment où je vais paraître en public,
peut-on me fermer la bouche sous prétexte que je
parlerais mal? Êtes-vous capable de me juger réellement? Êtes-vous exempt d'erreurs, de passions, d'esprit de parti? Et si la liberté de la presse est sujette à
tant d'accidens, qu'on dise plutôt qu'il n'est permis
de rien imprimer, parce qu'au moins j'aurai par-là
la certitude que demain vous ne permettrez pas l'impression de l'ouvrage entièrement erroné, qui va aug-
menter le mal que le mien avait pour objet de prévenir.
Que ne souffrez-vous plutôt que le public en soit juge :
*Du choc des opinions jaillit la vérité.* Vous empêchez
ce choc salutaire, vous isolez les hommes, vous éteig-
nez la lumière! Au moins motivez votre jugement. —
Monsieur, l'autorité ne raisonne pas : on ne peut permettre l'impression, cela doit vous suffire. — Quel
abus des mots et des choses!....

Si ces avantages et ces inconvéniens, si tout ceci est
simple comme le jour, par les seules lumières du bon
sens, qui est d'une application en politique plus importante qu'on ne pense, convenons que l'on peut
faire une entière et ample application de la Puissance
de la Liberté de la presse à l'exécution générale de la

Constitution ; outre les lumières qui en résulteront, cela concourra puissamment à la consolider par la liberté même avec laquelle on en parlera.

§. II. *Application de la Puissance de la Liberté de la Presse à quelques branches de l'exécution.*

Si après avoir examiné les résultats que peut avoir l'application de notre puissance épuratrice et vivifiante, sur la théorie constitutionnelle dans son ensemble, on jette un coup-d'œil sur ceux qu'elle peut avoir, en l'appliquant à quelques branches particulières de l'exécution, on verra qu'elle n'y sera pas moins utile.

En effet, prenons d'abord pour exemple les comices, les assemblées du souverain, et supposons ( la supposition ne sera pas si gratuite) qu'il s'y glisse des abus désorganisateurs , des abus entre autres qui tendent à introduire dans la *Cité* des individus que la loi n'y appelle pas, ces abus pourront long-temps subsister, s'il est défendu de parler et d'écrire. Mais si cette faculté, qui est plus de la moitié de l'existence physique, morale et politique existe, ces abus ne peuvent pas manquer d'être signalés : car on se tromperait fort, si, jugeant la France d'après certaines villes, on croyait qu'elle ne renferme que des indifférens pour le bien public. Tous les hommes éclairés qui tiennent au sol de la France, si je puis m'exprimer ainsi, par des propriétés foncières, savent très-bien qu'ils ne peuvent trouver le bonheur que sous un bon gouvernement, réellement paternel. Or rien de si peu paternel que les acquéreurs de nominations.... Une triste expérience ne l'a que trop prouvé !

Si donc, élaguant de la *Cité* tout ce qui ne doit pas en faire partie, tout ce qui n'offre pas une suffisante ga-

rantie d'une instruction nécessaire pour se mêler des
affaires de cette même Cité, et dont la première est sans
contredit de bon choix; si par-là, dis-je, on ôte aux
intrigans, aux hommes à manége, à ceux qui commercent en places, qui regardent la Patrie comme un
objet commerçable, si on leur ôte leurs instrumens,
leur principal moyen, on aura fait beaucoup pour la
paix et le bonheur intérieur; beaucoup pour la paix
du monde.

Mais si la *Cité*, d'où tout émane, puisqu'elle est
véritablement le Corps social, que la Constitution a
pour objet d'organiser d'abord, et puis de lui donner
les législateurs, les magistrats, les institutions qui
lui sont nécessaires; si la Cité, dis-je, est une fois organisée sur sa véritable base, sur une base posée par
la sagesse et la justice, qui seules travaillent pour la
durée et l'éternité, il n'y aura plus alors qu'à prévenir les abus. Le plus à craindre, dans un pays où il
y a malheureusement tant d'hommes oisifs, paresseux
et vils, n'ayant d'activité que pour l'intrigue, de talens et de connaissances que pour le manége, comme
des laquais et des saltimbanques, ainsi que cela arrive
dans tout pays où les dernières classes sont privées
du bienfait de toute éducation, de la ressource d'un
commerce et d'une industrie actifs; l'abus le plus à
craindre, dans un tel pays, ne nous le dissimulons
pas, c'est l'introduction de la canaille ( puisqu'il faut
prononcer ce nom! et ce n'est pas ma faute) dans
les assemblées de la Cité. La fraude peut s'introduire
à cet égard de plusieurs manières; mais ce n'est que
lorsqu'elle ne sera pas surveillée par les clair-voyans
de chaque lieu, les seuls qui puissent tout voir en
cela; et ils verront bien, lorsqu'assurés de n'être pas

opprimés par les faiseurs d'affaires en élections, ils pourront parler impunément, rendre le Roi présent à-la-fois dans son cabinet et dans chaque assemblée élective.

Ce bienfait, le seul contre-poison des abus dans les élections, d'où tout dépend, c'est à la liberté de la presse que le Roi et la Patrie le devront; mais, loin de se borner à permettre, il faut que chaque ami de son pays et de la perpétuité de l'ordre soit invité, encouragé à être à ce sujet l'organe de la vérité auprès du Roi, des pairs et des représentans.

C'est ainsi qu'au lieu de s'endormir sur mille abus inaperçus qui se commettent dans mille lieux, vous avez une lumière vive dont les rayons convergens viennent se réunir au même centre; c'est ainsi qu'au lieu de s'endormir sur l'incendie qui couve sous la cendre, sur les menées qui préparent ces funestes élémens qui vont dévorer le bonheur public, vous serez toujours averti à temps du mal pour y porter remède. Répétons que le mal bien connu est à demi guéri. Or, pour arriver à bien connaître les maux politiques, la liberté de la presse est le seul révéla- teur véritablement efficace. Cela est évident. Les abus sont dans les mains des puissans contre ceux qui ne le sont pas : si vous ne donnez pas à ceux-ci le droit de parler pour les révéler, ce ne seront pas ceux-là qui parleront, assurément!

Les éteignoirs du despotisme de Buonaparte avaient interdit jusqu'à la faculté aux administrateurs de mo- tiver leurs décisions, de faire rien imprimer dans les préfectures qui fût motivé; disant que l'on ne devait pas raisonner avec le peuple; il avait mis la clef à la voûte infernale et ténébreuse, en disant à la face de l'Europe, c'est-à-dire au Corps législatif, à M. Lainé qui avait osé élever la voix pour quelques réclamations, qui n'étaient pas la millième partie de celles que la Nation et la justice avaient à faire, *que l'on devait laver son linge sale en famille, et non pas en public.*

C'est-à-dire que la masse s'en était tellement accrue, qu'on n'osait plus lever le rideau, ou le prétendu rideau qui couvrait ce linge sale aux yeux du public! Mais en Angleterre où, au lieu de ce système ultramontain de cachotterie, règne la liberté de dire tout ce qu'on voit, tout ce qu'on sait, chacun a plus de soin à faire que la vue et l'esprit n'y soient pas offusqués.

Cet homme né dur, comme tous les ambitieux d'autorité, croyait qu'il pouvait s'emparer de la souveraineté nationale, de l'élection à toutes les places, être la sangsue publique, tout faire impunément, pourvu que l'on usât de ruse, et que l'on empêchât de parler!... Cet homme, né avec bien des qualités d'ailleurs, était loin de ce sens rassis, de ces idées lucides qui ne peuvent guère se rencontrer dans une tête qui ne rêve que despotisme, si l'on en excepte quelques exemples rares et funestes, comme un Philippe, un César; de cette lucidité d'idées, de cette pureté de vues, nécessaires pour faire abstraction de ce clabaudage ou du cailletage de cette foule de dévorateurs ou de dévoratrices des peuples qui entourent trop malheureusement les trônes; de cette pureté de vues nécessaires pour discerner sûrement ce qui convient à un peuple aussi actif, aussi pénétrant que le peuple français, et en même temps si sensible, malgré son engouement, qui semble le faire passer par-dessus tout, le mettre à l'abri des atteintes morales.

Manquez un homme en France d'un coup de fusil,

enlevez-lui fortune, tranquillité, tout cela, il pourra vous le pardonner; mais si vous l'humiliez, si vous le prenez pour dupe surtout, il ne vous le pardonnera jamais : voilà les Français. J'ai voyagé dans toutes les parties de la France, séjourné dans les principales, je les ai vus partout les mêmes. Le Sénat a dit que cet homme n'avait pu devenir Français : le Sénat a eu raison cette fois; s'il l'avait été, il aurait mieux connu la France. Il ne se serait pas mépris sur son système des *bâillons*; il aurait aperçu que chez un peuple naturellement vif et impétueux, et si sensible aux outrages, comprimer sa voix, c'était resserrer un fleuve dans des limites étroites, d'où il allait bientôt s'échapper avec d'autant plus de fureur, qu'il avait été plus comprimé, et qu'il l'entraînerait dans les profonds abîmes du néant, en occasionant d'ailleurs dans son irruption terrible mille malheurs affreux. Vainement la conspiration de la machine infernale, celle de George, celle de Malet, et mille et mille épées sans cesse levées sur sa tête; vainement des députations parties et se succédant de tous les points de la France ancienne et nouvelle, venaient faire entendre la voix du commerce expirant et des peuples opprimés, notamment au sujet des droits-réunis, il se bouchait les oreilles et ne voulait rien entendre, persuadé qu'il lui suffisait d'avoir des bâillons, et de pouvoir seul, sous le nom de *liberté de la presse*, parler à la France et à l'univers! seul faire annoncer les ouvrages favorables à son système!... Oui, il a eu une pénétration assez obtuse pour ne pas voir où cette fausse direction l'entraînait. Il ne savait pas que, chez le Français, exhaler son ressentiment ou sa douleur, c'est un besoin; qu'une fois soulagé par cette voie, semblable à l'atmosphère, qui n'est jamais plus

tranquille qu'après avoir été purgée par l'orage, qu'a-
près avoir fait éclater le tonnerre et les éclairs, il
devient calme et joyeux. On a vu en Espagne des soldats suisses et français blessés sur le champ de bataille ; ceux-ci jetaient des cris à fendre les nues, tandis que les autres gardaient un morne silence. Qu'ar-
rivait-il ? c'est qu'un moment après les Français étaient
gais et badinaient de tout, tandis que les autres res-
taient mornes et silencieux.

Voilà les Français. Ils sont tout à l'impression du
moment, laissez-la s'exhaler, ils sont guéris ; bâillon-
nez-les, ils deviendront furieux. Cet homme l'avait
bien senti, pour les soldats ; il s'en laissait souvent
apostropher dans les échecs, le plus vertement du
monde ; et ceux qui avaient parlé le plus haut étaient
ceux qui, l'instant d'après, le servaient le mieux. Mais
apparemment qu'il croyait que les Français, qui n'é-
taient pas sous les armes, étaient d'une autre nature ;
ou, ne les croyant pas si immédiatement sous sa puissance que ceux que l'on dit qu'il appelait *la chair à
canon* (quoique cela paraisse bien peu vraisemblable, si
ce n'est à l'esprit de parti dont on connaît la délica-
tesse ), il pensait devoir les bâillonner plus particulièrement.

Si des objets que nous venons d'examiner dans cette
section, on passe à d'autres branches de l'exécution
constitutionnelle ou législative en général, il sera encore facile de se faire une idée des bienfaits qu'elles
peuvent tirer de la liberté de la presse pour la répression des abus.

Soit qu'il s'agisse de la distribution de la justice, de
l'administration civile ou de l'administration militaire ;
quelle est celle de ces partiés où il ne se glisse pas des

6

abus ? Celle où il ne se commmette pas des injustices dont l'impunité, c'est-à-dire la *clandestinité*, amène insensiblement ces mêmes abus qui ne sont autre chose que l'injustice et les vexations passées en habitude, à l'aide du voile qui les couvre ?

Ayez la liberté de la presse, vous verrez tout. On a dit : *Il ne se fait feu sous terre qu'étincelle n'en sorte.* On a dit aussi : *Que la plainte est inséparable du mal.* Quels que soient donc les souterrains où les maltôtiers, les violateurs des lois, les anarchistes aient opéré ; quelle que soit la timidité ou l'ignorance de leurs victimes, soyez sûr que celles-ci laisseront toujours exhaler quelques soupirs que leur arracheront les douleurs ; ces soupirs seront recueillis par les vrais Français, c'est-à-dire par les amis des lois et du Roi, par les amis du Roi, car, qui est-ce qui, aimant le père, pourra voir victimer les enfans ? Qui, aimant la gloire du père, pourra voir ses enfans réduits à la gêne, à la misère, à l'abjection, au désespoir ? Qui est-ce qui, aimant le père de la patrie, pourra jamais consentir à voir souiller son règne ? Qui ? Le seul égoïste, lequel, bien qu'habitant de la France, n'est pas Français ; ou qui l'est comme l'hypocrite est religieux, c'est-à-dire par des dehors. C'est que le *patriotisme* et le *royalisme* ont aussi leurs hypocrites. Remarquons en passant que ces deux mots, non-seulement ne s'excluent pas comme quelques-uns le croient faussement, mais au contraire se concilient intimement dans un gouvernement mixte, limité ou modéré comme l'était celui de Sparte et même celui d'Athènes, sous Pisistrate ; car il ne fut pas au pouvoir de celui-ci de gouverner arbitrairement. « Il gouverna par les lois, parce » qu'il fut dans la nécessité de ménager l'Aréopage et

» le Sénat qui veillaient sur son administration, deux
» Corps d'autant plus redoutables, que leur, mécon-
» tentement eût soulevé tous les citoyens».

Si donc il n'est pas de Français patriote-royaliste qui
ne sente ses entrailles trémousser en voyant son frère
(frère en Dieu, frère en la patrie, frère en la royauté,
le Roi étant le père commun de tous); si, dis-je, il
n'est pas de vrai Français qui se montre insensible au
malheur de son frère, dont celui d'être l'objet de l'injustice est le plus grand de tous, au lieu de cette armée
d'espions et de sbires, si scandaleusement grossie par
le despote ombrageux qui vient de finir son règne, et
qui dévoraient des sommes immenses, vous aurez dans
chaque citoyen des sentinelles vigilantes, désintéressées,
qui veilleront au maintien des lois et de l'équité, c'est-
à-dire de l'ordre ou de la stabilité du gouvernement,
ce qui revient au même pour le vrai politique.

Celui-ci sait que la science de la politique n'est en
effet que l'art de rendre les peuples heureux par le
gouvernement; tandis que le faux politique regarde
cette science, sans contredit la première de toutes
par ses difficultés et sa destination, comme la science
des souplesses, qui le fait réussir dans ses desseins, bons
ou mauvais, et par toute sorte de moyens, la ruse
et la grossièreté, le faste et l'indigence, la fierté et
l'humilité, la prodigalité et l'économie, le vice, la
vertu, la vérité, le mensonge, la louange, la calomnie, toutes les armes lui sont bonnes : réussir dans
l'objet qu'il a en vue pour le moment est son unique
but, sa courte vue l'empêche de voir où le conduira
sa fausse direction!... Tels qui se reconnaîtront dans
ce portrait peuvent se dire *in petto*, si déjà ils ne sont
pas de mon avis sur l'importance d'une bonne direction.

6.

Arrivons à l'application de cette vérité de sentiment que j'ai énoncée : qu'avec la liberté de la presse, tout Français sera une sentinelle vigilante et désintéressée, qui veillera au maintien des lois et de l'équité, c'est-à-dire, de l'ordre ou de la stabilité du gouvernement. Et disons que si, sous le gouvernement précédent, la liberté de la presse avait eu lieu, les abus les plus monstrueux ne se seraient pas propagés et enracinés comme ils l'ont fait dans l'administration de la justice, dans l'administration civile, dans l'administration militaire, et partout.

Et d'abord relativement à la justice, ou à la plus atroce, à la plus sanguinaire des injustices, des tribunaux viennent tout récemment de décimer plusieurs contrées de la France réduites au désespoir de la plus affreuse misère. Si la France avait pu connaître la cause des exécutions de ces tristes et malheureuses victimes du despotisme ; si les seuls Journaux du despote n'avaient pas eu exclusivement la parole, si la liberté de la presse avait eu lieu de fait comme de nom, la France entière, instruite de ces dragonnades, les aurait-elle souffertes ? Mais, dira-t-on ( car nous sommes dans le siècle où il faut s'attendre à toutes sortes d'objections ), elle se serait donc soulevée contre l'autorité souveraine ? - Mais vous-mêmes, et même l'Europe entière, vous vous êtes bien soulevés contre cette autorité souveraine. Est-ce que celui qui est immédiatement la victime des crimes du despotisme, n'a pas le même droit de les punir que l'étranger ? Est-ce qu'il faudra être à six cents lieues de l'endroit où ils se commettent pour les juger ? Il serait absurde de le prétendre.

D'un autre côté, pour donner aussi un exemple,

entre mille, au sujet de la justice civile, n'a-t-on pas
vu un président aux vacations, pour arriver à une cause
favorite portée vers la fin du rôle, dire, aux avoués
qui défendaient dans les causes précédentes, au fait, au
fait, les interrompre, pour passer à un jugement précipité? Soins inutiles! les causes qui précèdent sont en
très-grand nombre : alors que fait il? C'était le dernier
jour des vacations, sa présidence finissait ce jour-là ;
le lendemain le président ordinaire allait reprendre le
cours de ses fonctions, et la victime échappait à M. le
président aux vacations.... Que fait-il donc? il saute
toutes les causes intermédiaires! et, malgré la protes-
tation de la partie lésée, malgré qu'elle dît qu'elle était
le demandeur, malgré qu'elle dît que son avocat, retenu
chez lui par la mort subite de son père, n'avait pu se
rendre à l'audience, qu'elle n'avait pas même ses pa-
piers, ni les moyens actuels de se défendre, tout cela
fut inutile : le président jugea tout en un quart d'heure,
et livrant sa victime à la merci de son adversaire, ordonna
l'exécution provisoire. Sur l'appel, le jugement fut
infirmé. Mais le mal était déjà fait, la victime avait
déjà été dépouillée. — Après l'audience, la partie ainsi
opprimée ayant été dans la chambre du conseil pour
essayer encore quelques réclamations sur l'exécution
provisoire, le croira-t-on? le président lui dit : Si vous
n'aviez pas été un fripon, vous vous seriez défendu
vous-même!.... La partie lui répondit : Je ne sais pas
si je suis un fripon; mais je sais que vous profanez le
temple de la Justice, que vous êtes indigne d'être l'organe
des lois, et que vous êtes dans le fait un des plus grands
ennemis du gouvernement. Et ce fait et tant d'autres
achevèrent de m'éclairer sur le prétendu retour à la
justice et à la concorde, sous ce règne de Buonaparte.

Enfin on voulut imprimer dans un Mémoire la relation de cet assassinat judiciaire. Mais par l'énormité même du délit, il n'est aucun avocat qui ait osé le signer, au risque d'encourir l'animadversion du président. Celui-ci le savait d'avance. Mais si la liberté de la presse avait été *libre*, ce fait, qui s'était passé devant le procureur impérial, les autres juges, et même un petit nombre de personnes présentes à l'audience, ne serait pas resté impuni, ou plutôt n'aurait jamais eu lieu.

Quant à l'administration civile, la plus despotique, la plus dévorante qui ait jamais existé, aurait-elle jamais dévoré les hommes et les ressources de la France comme elle l'a fait, si la liberté de la presse avait existé ? Non, non. Voilà pourquoi beaucoup ne la veulent pas : ils ont leurs raisons, mais leurs raisons sont précisément celles qui font insister l'ami du bien pour la liberté de la presse, comme la seule puissance morale qui puisse découvrir et tarir les nombreuses sources des abus qui se sont introduits.

Croit-on que les abus inouïs en matière de conscription, et dont il n'y a pas une contrée de la France qui n'ait été témoin, abus commis dans l'ombre du mystère, et qu'il suffisait de dévoiler pour les faire disparaître, eussent eu lieu pour la plupart, si le gouvernement, moins imprévoyant, de crainte d'entendre parfois quelques vérités désagréables, ne se fût pas lui-même bouché les oreilles ? en se jouant avec son impudence ordinaire du mot de *liberté de la presse*, pour ne plus entendre que des vérités falsifiées, par l'organe corrompu de ses espions, qui, quelque nombreux qu'ils soient ou qu'ils fussent, ne seront jamais si nombreux ni si clair-voyans que la masse de citoyens intéressés à l'ordre qui doit subsister nécessairement parmi vingt-cinq millions d'âmes. — Avec la liberté de la presse la cupidité d'un nouveau genre d'entrepreneurs aurait-elle poussé l'impudeur jusqu'à former, sous les yeux de l'administration, des magasins d'hommes achetés dans les foires, les marchés, les villages, pour un morceau de pain, et que dans les lieux de cet infâme trafic, notamment à Gand, on mettait en vente comme du bétail, qu'on revendait au poids de l'or aux gens riches qui voulaient se faire remplacer ?.... C'est ainsi que le despotisme qui avait déshérité l'homme industrieux de son patrimoine, en lui ôtant jusqu'à la faculté de travailler, l'avait mis dans la cruelle alternative de mourir de faim, ou victime de ses fureurs militaires. C'est ainsi qu'ont péri successivement sept à huit armées, l'élite de la Nation; qu'ont péri cent mille officiers, nos estimables compatriotes, et dont les armées de Rome même se fussent honorées.....

Malheureuses victimes! si le monstre de la guerre perpétuelle avait pu être combattu par la liberté de la presse, vous seriez encore parmi nous, où vous feriez notre espoir et notre consolation. Espérons que sous un gouvernement réparateur et paternel, vos frères d'armes qui vous survivent se montreront dignes de vous et de ce même gouvernement, en vous donnant des successeurs capables de vous remplacer dans la paix et dans la guerre, si, comme il faut espérer que ce ne sera pas, celle-ci venait encore menacer l'Europe de ses fléaux.

Tous ces impôts oppressifs se seraient-ils jamais établis, si la liberté de la presse avait donné aux citoyens le moyen de se rallier à un même système de réclamation? La diversité de ces réclamations produites par l'excessive lourdeur du fardeau était si grande, que le gouvernement trouvait un prétexte de n'y pas faire droit dans l'impossibilité même de concilier toutes ces demandes. Plus uniformes, comme elles l'auraient été si la pétition de telle grande ville avait pu être connue par la voie de l'impression, elles auraient fourni au gouvernement un moyen facile et sûr de concilier ses intérêts avec ceux des gouvernés.

Quant à l'administration militaire, dont on ne bannira jamais certainement tous les abus, la liberté de la presse eût suffi cependant pour dévoiler et faire cesser en un instant tel abus qui s'est prolongé, perpétué, et qui a élevé la fortune colossale de tant de traitans sur la ruine ou les ossemens de nos malheureux soldats, morts de faim, de misère ou de froid!....

Mais non, tout était bâillonné, la France et l'armée! Il fallait tout voir et ne rien dire. Si du moins le papier avait pu parler! Mais la presse *libre* ne pouvait gémir que pour ceux qui protégeaient cette liberté.

# SECTION II.

### Application de la Puissance de la Liberté de la Presse à la Liberté individuelle.

La liberté et la sûreté individuelles sont inséparables. Je cesse d'être libre quand je suis en danger, et je ne suis pas en sûreté quand ma liberté est menacée. J'ai une existence physique et morale. Mon existence physique se manifeste par les fonctions attribuées par la nature à chacun de mes membres, ou plutôt ces fonctions sont la vie elle-même : marcher, travailler, manger, digérer, dormir, rire, sentir, se reproduire, respirer, parler, écrire, tout cela c'est vivre. La mort est la cessation de ces fonctions. — Mais mon existence ne se borne pas à la vie physique, à beaucoup près ; disons même que dans ce qu'on appelle l'homme physique et l'homme moral, celui-là est bien au-dessous, dans l'échelle des êtres, de celui-ci. Le premier, grossier et matériel, n'est que l'agent du second, dont la vie se manifeste par la faculté de sentir, de comparer, de juger, de réfléchir, d'imaginer, de raisonner, en un mot par l'*entendement*; ainsi que par le désir et la *volonté*. Ces deux facultés, l'entendement et la volonté se confondent dans une faculté plus générale, qu'on nomme *faculté de penser*.

Ainsi la faculté de penser forme proprement en moi l'existence de la vie morale. Mais cette vie étant tout intérieure, elle ne se manifeste au dehors que par la parole, l'écriture ou les signes du langage d'action. Je ne puis exprimer mes sensations, mes jugemens, mes désirs, ma volonté, commander, diriger mes enfans, les affaires de ma maison, les affaires publiques, me rendre utile en répandant la portion de lumières que je puis avoir, m'instruire à mon tour auprès des autres, que par la parole ou les écrits. Il n'y a qu'un bien petit nombre d'idées qui puissent être exprimées par le langage d'action, vulgairement appelé les *signes*. Ce langage, qui sert si bien à accompagner et à orner le langage de la voix, est bien borné en soi, même dans le sourd-muet le plus instruit, qui exprimera bien aux yeux des initiés les idées principales; mais combien de nuances, de modifications qui ne peuvent être rendues par la combinaison de ces signes! On sent donc combien l'existence du sourd-muet, borné à ce seul langage, pour apprendre, pour se communiquer, est imparfaite auprès de la nôtre. Car le sourd-muet, alors même qu'il écrit, semblable à un traducteur, il ne fait que traduire ses signes corporels ordinaires en des signes écrits.

C'est pourtant à cette existence des muets que nous avons été condamnés sous un régime où tant de fois nous aurions voulu aussi être sourds et aveugles !...

C'est par la pensée que je suis utile à moi-même et aux autres. Otez-moi la pensée, je ne suis plus qu'un morceau d'argile, une vile matière qui rentre dans le néant. C'est

par la pensée que je dirige mes affaires et celles de la république, si elles me sont confiées.

Mais cette utilité, cette grande influence de la pensée,
cette vie morale, qui est presque tout moi-même, ne peut
s'exercer, relativement aux autres hommes avec qui je com-
munique, que par la parole ou les écrits. M'empêcher de
leur parler ou de leur écrire, c'est donc tuer en moi l'être
moral, la plus grande partie de moi-même, la plus noble,
celle qui est une émanation de l'âme, c'est tuer l'âme elle-
même, puisque la vie physique et la vie morale ne sont que
l'exercice des fonctions qui leur sont propres, l'âme elle-
même, qui, selon les anciens, est une émanation de Dieu
même, c'est donc outrager en moi la Divinité !..

Profanes ! arrêtez votre main sacrilége ! Qui vous a donné
le droit d'attenter à l'existence du grand Être ?.... Le droit !
Eh ! en avez-vous le pouvoir ? Il se rit de vos coups, il vous
voit, dans votre témérité coupable, entasser Pélion sur Ossa,
et l'instant d'après, nouveaux géans, vous êtes précipités,
affreuse catastrophe, mais digne récompense de votre fol
orgueil, qui vous avait fait entreprendre contre Dieu même !

Oui, je le dis avec l'accent de la plus intime conviction,
je crois que mon âme est une émanation, une portion du
grand Être ; je ne vis que parce qu'elle m'anime ; elle ne vit
en moi que parce qu'elle y exerce les fonctions qui lui sont
propres, celles de la pensée. M'empêcher de manifester, de
communiquer ma pensée, c'est la réduire à la nullité, c'est
un attentat, c'est rendre esclave en moi cette portion de
Dieu qui ne doit cesser d'y exister en toute liberté, que
lorsqu'il lui plaira de la rappeler à lui. Sous ce rapport, les
Anglais, les Américains, les Hollandais, etc., qui respectent
l'indépendance de la pensée, sont plus religieux que nous.
Je regarde l'inquisition comme le plus sacrilége des établissemens humains. L'antiquité ( avant les martyrs, époque
qui n'est plus proprement l'antiquité) vit-elle jamais rien de
semblable ? Comment s'appelle l'établissement qui, à Athènes, à Sparte, à Rome, était chargé d'empêcher les manus-

crits de circuler, s'ils n'étaient approuvés ? J'aurais voulu
voir la mine qu'auraient faite Platon, Solon, Lycurgue, Ci-
céron, si on leur avait dit : « Votre ouvrage, avant de paraî-
» tre, doit être soumis à l'approbation des scribes, des com-
» mis de bureaux, qui vous diront, eux, si vous errez; et,
» dans ce cas, vous défendront de parler ».

Je ne m'arrêterai point à dire quelle aurait été la profonde
indignation de ces grands hommes, qui, par la liberté de
tout dire, de tout écrire pour et contre les gouvernemens,
pour et contre les institutions, les mœurs, les dieux mêmes,
ont civilisé le monde. Si Platon et Socrate n'avaient pas pu
écrire en faveur de l'unité d'un Dieu, peut-être serions-nous
encore tous païens....... j'entends si Jésus-Christ ne fût pas
venu nous éclairer par les lumières de la révélation.

Socrate, dira-t-on, ne fut-il pas puni pour avoir manifesté des opinions qui ne furent pas trouvées orthodoxes ?
Qu'est-ce que cela prouve ? que Socrate a donc eu la liberté
de manifester ses opinions, puisque c'est pour cette manifestation qu'il a été puni.... Lecteur! je vous demande pardon du mot, je voulais dire *assassiné*. S'il était un homme
qui pensât autrement ( je n'en ai pas encore rencontré ), sa
véritable place est celle de suppôt de l'inquisition, si toutefois elle est rétablie en Espagne : ce que les uns assurent,
ce que les autres démentent, chacun prenant pour journal à
cet égard son caractère persécuteur ou tolérant (1).

De ces données générales sur la liberté individuelle, con-
sidérée dans la faculté de manifester sa pensée, ce que l'on a
prouvé être plus de la moitié de l'existence, passons à quelques considérations particulières. Considérons la liberté individuelle sous le rapport des délits dont les individus peuvent être accusés, ou peuvent accuser, comme les délits
politiques, les délits privés ; puis disons un mot aussi des
mœurs, des mœurs publiques et privées, des mœurs des
fonctionnaires.

_____

(1) V. la note, pag. 47.

# CHAPITRE PREMIER.

## *Délits.*

Les délits nécessairement attaquent l'ordre social, la sûreté ou la liberté des personnes, ou bien les propriétés. Dans le premier cas, c'est ce que j'appellerai délits politiques, qu'ils soient commis par des fonctionnaires ou par de simples individus, pour, ou par, ou contre eux. Dans les autres cas, je les appellerai délits privés, en ce qu'ils n'attaqueront les personnes que comme simples individus, et non comme fonctionnaires ; les propriétés que comme propriétés privées, et non publiques.

### §. I<sup>er</sup>. *Délits politiques.*

Soit que je me considère comme accusé d'un délit politique, ou comme en ayant été témoin, dans les deux cas, il faut que j'instruise, que je persuade; dans le premier, pour mon intérêt et pour celui de mon pays, à qui il n'importe pas moins qu'à moi de ne pas commettre sur moi un crime en frappant un innocent; dans le second cas, dans l'intérêt de mon pays et le mien, à moi, à qui il n'importe pas moins qu'à mon pays qu'il ne soit pas malheureux, car, faisant partie, étant un membre de cette personne morale que j'appelle ma patrie, elle ne peut pas être malheureuse sans que le sois aussi, à l'exception d'un bien petit nombre de cas que je ne veux pas examiner, ni même connaître; cas où un corbeau carnassier, plutôt qu'un homme, s'imagine pouvoir élever l'édifice de son bonheur sur des ossemens.... Ah! horrible bonheur, si tu existes, fais que je ne rencontre jamais l'abominable cannibale qui peut te goûter !....

Mais, soit que j'aie à me justifier ou à accuser d'un délit qui intéresse ma sûreté et celle de l'Etat, ou celle de l'Etat et la mienne, puisque nous venons de voir qu'elles sont inséparables, puisque l'une fait partie de l'autre, que deviendrai-je, que deviendra mon pays, si celui qui veut me perdre, ou celui qui veut nuire à la patrie a l'autorité en main pour m'empêcher de parler ? Je transirai dans le fond d'une prison, je succomberai enfin ; et, d'un autre côté, l'Etat recevra les coups les plus rudes dont j'eusse pu le préserver en propageant l'antidote du poison lent ou actif qu'on lui prépare, en le préservant de ces rudes coups qu'on va lui porter.

### §. II. *Délits privés.*

Je suis accusé d'un assassinat, d'un vol, je suis affreusement calomnié ; on veut m'enlever ma propriété, le fruit du travail de toute ma vie ; il m'est facile d'établir mon innocence ou mon droit ; mais le père de mon avocat vient de mourir ; les moyens de défense que ce défenseur avait préparés, les pièces qu'il a depuis plusieurs jours, tout cela ne peut être connu.... Obtiendrai-je un délai de trois jours, moi, demandeur qui ne veux que rentrer dans ma propriété ? Sans doute, puisque surtout il y a plusieurs causes avant la mienne. Eh bien! pas du tout, les convenances, la justice, sont mises de côté, les causes qui précèdent les miennes au rôle, sautées, à pieds joints, je suis condamné et salué du titre de fripon par M. le Président : le tout, parce qu'il n'y a pas de liberté de la presse, c'est-à-dire, parce qu'elle n'existe pas de fait comme de nom (1).

# CHAPITRE II.

## *Les Mœurs.*

Les censeurs des mœurs n'avaient pas pour objet à Rome d'empêcher de parler ; loin de là, ils faisaient parler, ils auraient voulu que les pierres mêmes pussent parler pour leur révéler les fautes graves contre les mœurs, qu'ils devaient punir, persuadés que l'impunité en amène la

---

(1) Voyez pag. 84.

fréquence. Si cet adage est vrai, il ne faut plus s'étonner que ces fautes soient si fréquentes en certains pays.

§. I<sup>er</sup>. *Mœurs publiques et privées.*

Les mœurs publiques ne se forment que des mœurs privées. C'est parce qu'un joueur de flûte de la Grèce, c'est parce qu'un général d'armée, chargé d'un butin cent fois plus dangereux à la patrie qu'il n'est utile au particulier qui en est si fier, ont répandu à Rome le goût de la musique, de la splendeur et de la bonne chère que dans chaque maison il y a eu, durant le repas, une superbe musique et encore un plus superbe repas chez celui qui n'en avait pas les moyens, comme chez celui qui les avait; ajoutez à cela l'élégance du costume, et l'amour de toutes les autres commodités de la vie, qu'il fallait se procurer, qu'on en eut ou non les moyens. Si les moyens manquaient, il fallait faire la guerre, ou les acquérir aux dépends des mœurs.

Eh bien! si dans ces temps de décadence les censeurs des mœurs avaient conservé leur empire, s'il y avait encore eu à Rome la liberté de parler ou d'écrire, pour faire rougir les Romains de leurs mœurs efféminées, Rome subsisterait peut-être encore, et près de dix-huit siècles de barbarie, qui ont pesé sur la terre, n'auraient pas eu lieu....; mais alors il fallait que tout le monde gardât un silence respectueux, s'inclinât devant les idoles qui se paraient elles-mêmes pour devenir les victimes du luxe et de la corruption qui allaient amener les funérailles de cette grande Rome, grande pendant que Caton l'Ancien y tonnait contre le vice avec ses dignes compatriotes, tandis que sur son déclin l'autre Caton osait parler seul.

Partout où il y a des bâillons, vous pouvez penser qu'il y a de grands vices qui veulent se cacher, d'affreuses déprédations que l'on veut tenir inconnues.

§. II. *Mœurs des Fonctionnaires.*

Je dirai hautement aux fonctionnaires chargés de l'exécution des lois, vous devez donner l'exemple du respect
religieux avec lequel il faut les suivre; chargés de l'exécution des lois, vous devez être les amis des lois. Or la
première base des lois, ce sont les mœurs ; ce sont les
mœurs qui soutiennent les lois, et qui surtout en sont l'utile
supplément. Ainsi c'est de vous surtout qu'on en doit exiger
l'exemple. Les censeurs, à Rome, ne sévissaient pas seulement contre les particuliers dont le mauvais exemple por-
tait atteinte aux mœurs, mais surtout contre les fonctionnaires; leur salutaire autorité allait jusqu'à pouvoir faire
sortir les sénateurs du Sénat où ils ne pouvaient rentrer ; ce
qui est arrivé plusieurs fois. Et ce n'est que lorsque cette
autorité a été perdue, entraînée par le débordement du
luxe, et l'habitude de l'oisiveté contractée dans les con-
quêtes, que la république a décliné.

Il est beaucoup de peuples chez qui l'autorité des censeurs serait tournée en ridicule aujourd'hui ; mais l'arme
si souvent ridicule du ridicule ne fera pas rougir la liberté
de la presse. La *liberté de la presse* n'a besoin que d'être
*libre* pour remplir l'objet de la censure, peut-être même
mieux que les censeurs, par la raison qu'une puissance
morale agit toujours avec moins de secousse que la main
lourde de l'homme.

# SECTION III.

*Application de la Puissance de la Liberté de la Presse au*
*Respect des Propriétés.*

On ne saurait trop le répéter, dans l'antiquité le patriotisme était la base et le soutien de la société; elle en avait
beaucoup plus que nous. La cause ? elle est simple : nous
aimons le pays qui nous rend heureux, surtout lorsque c'est le
nôtre; alors nous avons réellement une patrie. Lorsque notre

pays ne nous rend pas heureux, c'est la faute du gouvernement, qui est exclusivement dévoué à des passions désordonnées, ou à un petit nombre de créatures pour lesquelles il ne rougit pas de dépouiller les autres hommes, ou c'est qu'il est impolitique. La politique est l'art de rendre les peuples heureux et tranquilles ; par conséquent lorsqu'ils ne sont pas tranquilles et heureux, il est bien difficile au gouvernement politique d'échapper à l'accusation de mauvaises intentions ou d'impéritie.

La plus forte preuve de l'une ou de l'autre, c'est lorsque le gouvernement non-seulement ne respecte pas lui-même les propriétés, mais ne les fait pas scrupuleusement respecter. Alors il n'y a plus proprement d'Etat. N'y ayant plus aujourd'hui le même amour de la patrie que chez les anciens, n'y ayant que l'amour des propriétés, si la passion, qui est la seule base de l'Etat, est contrariée, les propriétés violées, l'Etat n'a absolument plus de base. On ne peut du moins disconvenir que celle-là ne soit la plus certaine des gouvernemens modernes.

Mais on distingue plusieurs sortes de propriétés, et celles dont la violation est la plus facile sont celles précisément qui sont les plus importantes, dans l'ordre des droits et relativement au bonheur général et particulier. Ainsi il y a les propriétés publiques matérielles, et les propriétés publiques immatérielles ; il y a les propriétés individuelles qui ne peuvent être distinguées en propriétés des grands et en propriétés de simples particuliers que par un abus intolérable.

## CHAPITRE PREMIER.

### Propriétés publiques.

Une propriété inhérente, puisqu'elle est inaliénable, à la personne collective qu'on appelle Peuple ou Nation, ce sont ses droits politiques : c'est ce que j'appelle une propriété immatérielle. Les propriétés publiques matérielles, ce sont le trésor , les domaines , etc. , qu'on appelle trésor royal , domaines de la couronne , ou trésor national , domaines nationaux , selon que le gouvernement est monarchique ou républicain. Mais ces dénominations ne changent rien à la nature de la chose.

## §. Ier. *Propriétés publiques immatérielles.*

Les droits politiques qui composent les propriétés publiques immatérielles sont : la liberté , l'égalité des droits, la sûreté des personnes, l'inviolabilité de propriétés quelconques.

Tant qu'il y aura un reste de religion, on ne persuadera jamais que Dieu ait créé l'homme à son image pour être l'esclave d'un autre homme. Cette idée révoltante répugne à l'idée de Dieu et à celle de la dignité de l'homme , qu'il a rehaussé jusqu'à dire qu'*il l'avait créé à son image.* Homme ! respecte donc l'homme , l'image de ton Dieu. Un être si noble ne peut être esclave. Ce ne sont que des êtres ignobles et dépravés qui peuvent méconnaître cette vérité religieuse et naturelle. Les hommes donc naissent et demeurent libres ; ils naissent et demeurent aussi égaux en droits ; et ils ont conséquemment un droit égal à la sûreté individuelle et au respect de leurs propriétés.

La plus importante c'est de pouvoir disposer de soi, de ses transactions , de ses actions. Je puis disposer de moi lorsqu'aucun homme ne peut, sans mon consentement préalable , me retenir ni me faire aller dans aucun lieu où je ne voudrais pas rester ou aller ; je suis maître de mes transactions lorsqu'aucun homme ( comme cela est sous le régime féodal ) ne peut prétendre au droit de *veto* sur les contrats que je veux faire , et m'empêcher de me marier, d'acquérir et de vendre sans son consentement ; je suis enfin maître de mes actions, lorsque personne ne peut m'empêcher d'aller, de venir, de parler , d'écrire, d'imprimer, sauf à répondre de l'effet de ces actions , et à en être puni

7

si elles troublent l'ordre public ou nuisent aux droits des particuliers.

Or, pour être puni de l'effet préjudiciable d'une action, il faut qu'elle soit faite. Mais si l'on vient m'arrêter dans la rue, sous prétexte qu'en continuant de marcher je ferais du mal ; si l'on vient m'empêcher de dîner, sous prétexte que cela me donnerait une indigestion, qui me ferait jeter des cris effroyables, lesquels troubleraient tout le voisinage ; si l'on vient aussi m'empêcher d'imprimer ma pensée, sous prétexte qu'elle porterait du trouble dans la société, je dirai : Attendez qu'en marchant j'aie failli, avant de m'arrêter ; attendez que le dîner m'ait rendu malade, avant de m'imposer la diète ; attendez que mes ouvrages aient produit un mauvais effet avant de les condamner.

Ah ! lorsqu'en marchant j'aurai dérobé dans la boutique qui est sur mes pas, lorsque le dîner m'aura donné la fièvre et le transport, et que j'irai troubler le voisinage, lorsque mes imprimés auront excité la rumeur et la sédition, . alors déclarez-moi fripon, aliéné, perturbateur de l'ordre public, j'y consens ; alors le délit commis est connu, il peut être classé et puni, selon la peine infligée par les lois pour la classe de délits dont il fait partie. Mais si avant que le délit soit commis vous m'en appliquez la peine, je dis que je ne suis pas libre de mes actions, et que je vis sous un dur esclavage. Alors j'aime mieux vivre en Angletere, en Amérique, en Hollande, où l'on ne m'empêchera pas d'imprimer, non plus que de dîner, de marcher, et où l'on ne me privera de ma liberté personnelle que lorsque j'en mésuserai, que j'aurai commis un délit.

## §. II. *Propriétés publiques matérielles.*

Elles sont de deux classes, les propriétés publiques générales, les propriétés communales, etc. Celles-ci viennent d'être presque entièrement dévorées par le monstre de la guerre universelle et perpétuelle. Quant aux propriétés

publiques générales , elles sont immenses, et le bonheur
général dépend absolument de leur sage et fidèle administration. Les contributions auxquelles il a fallu si souvent
suppléer par des dons patriotiques , quoiqu'elles fussent
excessives , les contributions, pour le payement desquelles
une grande partie de la Nation s'est si long-temps privée
de l'absolu nécessaire , pour le payement desquelles tant
d'honnêtes Citoyens, privés des ressources du commerce et du
travail, se voient humiliés par une armée de garnisaires ,
tandis que tant d'autres nagent dans une honteuse opulence;
les contributions publiques enfin doivent devenir l'objet de
l'attention et de la sévérité de la Nation. Elle travaille, vit
à la sueur de son front; personne n'a le droit de la dépouiller impunément. Mais comment les dilapidateurs, les
vampires seront-ils punis, s'il faut tout voir, tout entendre,
sans qu'il soit permis de parler ? Si je ne puis fournir les
plus humbles , et peut-être quelquefois les plus salutaires
remontrances sur la nature des impôts, sur leur assiette,
leur emploi, sans qu'on vienne me dire, ce que vous
voulez imprimer produirait le désordre. Au contraire, je
veux l'arrêter ; je puis me tromper : laissons-en le public
juge ; il est composé d'hommes qui y sont intéressés , intéressés en effet à l'ordre, puisque ceux que cela touche,
ceux qui payent , ce sont des propriétaires , des négocians,
qui ne peuvent vouloir que l'ordre : il n'y a que les voleurs
et la canaille qui ne le veulent pas. Faudra-t-il se taire au
profit de ceux-ci, au détriment de ceux-là ?....

## CHAPITRE II.

### Propriétés individuelles.

Les propriétés individuelles proprement dites, sans repar-
ler ici des propriétés immatérielles , qui sont des droits politiques , sont ou foncières ou mobilières. Montesquieu a dit
de celles-ci qu'elles forment la plus grande partie de la for-

tune nationale, chez les peuples heureux ou bien gouvernés ; parce qu'alors la quantité d'argent, de marchandises, de vaisseaux, de valeurs en papier y affluent de toutes les parties de la terre. Mais, pour arriver à cette heureuse prospérité, que faut il ? le respect des propriétés : il faut que je sois maître de mes marchandises et de mes actions, surtout que mon domicile soit inviolable, et que nul n'y puisse pénétrer que dans le cas où la rumeur publique avertirait les magistrats qu'il y a du trouble chez moi.

Mais si, sous le prétexte de percevoir des droits, on pénètre chez moi arbitrairement, on me fait perdre mon temps, on me dérange, on bouleverse mes magasins, on me fait mille chicanes dictées par l'espoir de m'intimider, de me faire composer, et me dépouiller effrontément ; si sous le prétexte de contrebande ; si, sous le prétexte que ma maison, mes ateliers peuvent renfermer des personnes, des ouvrages, des écrits suspects, on vient violer mon domicile, même la nuit, alors je dis : Je suis dans un pays où l'arbitraire règne, où les lois se taisent : adieu le commerce, l'industrie, ils vont s'enfuir. Je vais travailler ailleurs, ou vivre dans l'oisiveté, et plutôt dans la misère la plus affreuse que de travailler pour des oppresseurs odieux qui, trahissant les devoirs de leur place, et leur Roi, travaillent à dessein de préparer le trône pour un autre . . . . . . . . . . . . . . . . . . . .
. . . . . . . . . . . . . . . . . . . . . . . . . . . .
. . . . . . . . . . . . . . . . . . . . . . . . . .
Ceci ne s'applique à aucun règne particulier, mais à tous ceux où ces atrocités se commettront. Le monarque ( si vous en exceptez Buonaparte, dont l'esprit faux lui avait fait croire qu'il pouvait régner long-temps par la *crainte* ) sait que son premier intérêt est d'être aimé, c'est souvent le besoin de son cœur. Or tout ce que ses agens font pour le faire haïr est contre sa volonté, c'est une trahison. Peut-on la porter plus loin que d'aller dans le silence de la nuit et des ténèbres, sans preuves et sans aucun indice, faire retentir à la porte d'un domicile le mot *de la part du Roi* ? Non,

on ne le peut pas, d'après nos lois ; on ne le peut que, lorsque foulant tout aux pieds, et lois, et principes et convenances, on veut à tous risques faire détester le Roi et ternir la gloire de son règne.

### §. Ier. *Propriétés des Grands.*

Il est heureux que l'on puisse reproduire cette épithète ou cette dénomination de grands sous un régime qui consacre l'égalité des droits et des devoirs. Cela annonce que ce ne seront pas de ces grands qui fondent leur grandeur sur l'abaissement, la misère, l'abjection du peuple. Toutes les propriétés territoriales devant être soumises à l'égalité proportionnelle des contributions, tous les Français ayant un droit égal aux places et aux emplois, la liberté de la presse consacrée : voilà des principes conservateurs.

Si dans les temps de barbarie, où l'odieuse exemption de contributions, pour toutes les propriétés de la France qui étaient possédées par la main-morte ou par la noblesse, a été introduite ; si, dis-je, dans ces temps-là la liberté de la presse eût subsisté, ou plutôt s'il y avait eu alors une presse, et qu'elle eût été libre, s'il y avait eu les lumières qui règnent aujourd'hui, croit-on que jamais cet inique privilège se fût établi, non plus que celui de la féodalité qui convertissait l'espèce humaine, une partie en satrapes, et l'autre en bêtes de somme ?

Que les grands jouissent de leurs propriétés, mais qu'ils nous laissent les nôtres ; et que, sous prétexte de nous protéger, ils ne viennent pas s'en emparer en les soumettant à des tributs honteux, ni nous assujettir nous-mêmes à des corvées, à un esclavage qui ne convient pas à des hommes pétris du même limon qu'eux, et qui sont comme eux l'image d'un Dieu vengeur et rénumérateur qui nous laisse le libre-arbitre, mais qui nous punira ou nous récompensera selon l'usage que nous en aurons fait. Pour en revenir là, il faudrait, après voir brûlé l'Évangile et la Déclaration des

Droits de l'homme, briser toutes les presses. Il ne tient pas
à quelques dévorateurs de l'espèce que cela ne se fasse. Buo-
paparte en avait de beaucoup diminué le nombre : il y en a
qui ont leurs raisons pour craindre les réverbères. Mais,
pour une presse qu'on brisera en France, on en reconstruira
cent dans les autres parties de l'Europe, dans des grottes,
dans des déserts, et le moment où vous aurez le plus pro-
mené vos éteignoirs sera celui où la lumière suintera de
toutes parts ; et, sortant de l'antre d'un rocher, du fond des
déserts, des Alpes, des Vosges, de la Suisse, de la Hollande,
de l'Amérique..., elle viendra vous accabler de son éclat, et
vous forcer de respecter les droits de l'homme, à laisser
chacun jouir paisiblement du fruit de son industrie, de son
patrimoine, des droits sacrés que lui donne la dignité de
l'homme, de l'homme, l'image vivante de Dieu sur la terre.

§. II. *Propriétés des Particuliers.*

Lorsque les grands se borneront à jouir paisiblement de
leurs propriétés, sans porter atteinte à celles des simples
particuliers, ceux-ci n'auront plus qu'à se préserver des
voleurs. Mais c'est qu'il en est de plusieurs espèces, il en est
de si subtils, de si hypocrites, de si audacieux, que bien
souvent un honnête homme qui n'a pour défense que son
bon droit contre un adversaire puissant, injuste, usurpateur,
audacieux, aura bien de la peine à se défendre. Que sera-ce
si vous l'empêchez de parler ? Ce sera le pot de fer contre
le pot de terre. Sans doute que La Fontaine a eu en vue
dans cette fable un homme bâillonné, luttant contre la dureté
d'une âme damnée, car le pot de fer, outre sa fragilité, vous
avez beau frapper dessus, il ne résonne pas. Mais un homme
résonnant et raisonnant est toujours un adversaire.... O législateurs ! laissez, laissez à la faiblesse quelques ressources indé-
pendantes de l arbitraire, contre le fort qui abuse de sa force !
C'est là le but des lois et de toute société humaine, de protéger le faible contre le fort, c'est là surtout l'esprit de la

religion. Croyez-vous que ce soit trop de laisser au moins la parole à celui qui n'a d'autre défense contre celui qui a d'ailleurs tous les moyens de nuire? Ah! craignez plutôt, qu'au lieu de ce moyen que la justice approuve, de le réduire à la nécessité d'en trouver d'autres qui font frémir l'humanité, mais que la haine, l'injustice suggère souvent!...

# TROISIÈME PARTIE.

*Considération de la Puissance de la Liberté de la Presse, relativement au Bonheur général.*

L'HOMME, dans chaque instant de sa durée, tend au bonheur ; c'est une tendance, un besoin inné qui ne l'abandonne jamais : lorsqu'il est heureux, il désire l'être encore davantage, s'il est possible ; et, alors même que le désespoir et le mépris de la vie s'emparent de lui, il pense au bonheur en se donnant la mort : c'est le désespoir de ne pouvoir jouir de ce bonheur, qu'il est naturel à l'homme de souhaiter, qui a conduit la main du suicidé.

La première notion que devrait inculquer l'éducation pour donner un guide assuré à ce besoin impérieux de l'homme, ce serait celle qu'on ne peut être sûrement heureux que par le bonheur général de la société politique dans laquelle on vit. De cette maxime, à celle qu'on ne peut être heureux qu'en remplissant ses devoirs envers Dieu et envers les hommes, il n'y a qu'un pas ; celle-là mène à celle-ci. Pour remplir mes devoirs envers Dieu, il faut que je sois doux, humain, charitable, que je sois l'ami de mon prochain, que je sache surtout commander à mes passions, à la haine, à la cupidité, à la convoitise, à la jalousie, à l'ardeur de la vengeance, de la calomnie, et puis que je remplisse les autres devoirs moins essentiels de ma religion. Ces vertus par lesquelles je sers l'Éternel ne sont-ce pas celles par lesquelles je sers aussi mes semblables, et par suite la société ? Enfin la réunion de ces vertus ne revient-elle pas à cette maxime religieuse : *Que l'on n'est heureux que par la vertu ?* C'est ainsi que la religion est la première base de la politique philantropique, comme la politique doit être celle du bonheur général.

# SECTION PREMIÈRE.

*De quoi se compose le Bonheur général.*

Sɪ le bonheur général a pour première base, comme il n'y a aucun doute, les vertus morales et religieuses que nous venons d'énoncer ci-dessus, il a évidemment pour seconde base les droits politiques, savoir : la *liberté*, l'*égalité des droits*, d'où découle le droit de n'obéir qu'aux lois, portées, d'après un pacte fondamental authentique, légalement consenti, et qui subsiste tant qu'il n'a pas été changé par le souverain ; il faut ajouter à ces droits *la sûreté individuelle*, d'où naît le droit de résistance ou de punition entre les délits politiques privés ; contre les atteintes portées aux mœurs par les particuliers, surtout par les fonctionnaires ; enfin *le droit sacré de propriété*, d'où naît le droit de jouir et de défendre les propriétés publiques immatérielles et matérielles, et le devoir de respecter les propriétés des grands et eux-mêmes, s'ils respectent eux-mêmes les personnes et les propriétés des autres citoyens et des simples habitans.

# SECTION II.

*Appliquer la Puissance de la Liberté de la Presse à ces objets, c'est l'appliquer au Bonheur général, la cause et la fin de toute société.*

Sɪ j'ai démontré que la liberté de la presse est nécessaire à la défense *des droits politiques*, à la *sûreté individuelle* et au *respect des propriétés*, j'ai donc démontré qu'elle est nécessaire au bonheur général, puisqu'il se compose de ces trois élémens essentiels. C'est elle qui est le flambeau constant qui éclaire les droits, les devoirs, découvre les abus, les prévient, les réprime par la force de l'esprit public qu'elle alimente, entretient, vivifie, faisant rougir à chaque instant le vice, faisant pâlir le crime, louant la vertu, la fécondant par la plus douce des récompenses, celle de l'estime publique, qui nourrit au cœur des citoyens l'amour des lois, de la patrie, du Roi, le respect des magistrats, des droits d'autrui et enfin le respect de soi-même, en inspirant l'attachement à ses devoirs.

Si tel est l'empire reconnu et positif de la liberté de la presse, partout où cette puissance exerce son salutaire empire, et notamment en Angleterre, quelles objections peuvent subsister contre elle, maintenant que nous sommes délivrés du despote ténébreux qui avait tant à la craindre ? Pas d'homme éclairé qui, en voyant l'esclavage de la pensée, consacré sous le nom de *liberté de la presse*, n'aît dit : l'Etat et les personnes ont tout à redouter sous un tel règne. Bientôt en effet les impôts les plus excessifs, dans un temps où l'on aurait eu beaucoup de peine à supporter les impôts ordinaires, les exactions de tout genre ont pesé sur la Nation. Si l'on en eût été quitte pour la perte du bien-être, de la fortune; mais la population décimée, dévorée chaque année par l'hydre insatiable de la guerre perpétuelle, par la fraude qui enlevait deux cents victimes là où l'on disait qu'il en fallait cent; mais les larmes bien légitimes, le deuil de toutes les familles de la France, de l'Europe, attesteront à la postérité, et ont fait connaître aux contemporains, ce que c'est qu'un gouvernement ténébreux, un gouvernement qui étouffe la pensée, arrête l'élan de l'opinion, empêche l'action vivifiante de l'esprit public, de cet esprit public qui seul a rendu l'Angleterre, un petit Etat de dix millions de population, plus forte que toute l'Europe, a donné à tous ses Citoyens une activité, des talens, une sagesse consommée, qui les ont rendus maîtres du commerce du monde par l'empire de la conviction. J'ai vu les États d'Allemagne, la Suède, le Danemarck, la Hollande, et dès-lors j'ai cru le système continental de Buonaparte impraticable ; j'ai vu tous ces pays se regarder comme misérables, se croire perdus dès que l'empire de la force est venu interrompre leurs relations

commerciales avec l'Angleterre; j'ai vu Anvers, la Bel-
gique, le Brabant soupirer après les Anglais comme on
soupire après la Providence, eux qui jadis fournissaient à
l'Angleterre ce qu'aujourd'hui ils en tirent!.... O prodi-
gieux effet! me suis-je dit, d'un peuple perfectionné par
l'esprit public, voilà ton empire, voilà le fruit de la liberté
de la presse!....

Telles la Grèce et Rome, sous l'empire de la liberté,
subjuguaient le monde entier, non moins par la force de
leurs vertus publiques et privées, que par celle de leurs
armes.

Mais si sous le nom révéré de *liberté de la presse* vous
allez consacrer la sujétion, l'esclavage de la pensée; à
l'odieux de la chose vous joindrez celui du machiavélisme,
de cette fausseté qui peut-être a plus fait détester encore
le Corse que tous les maux qu'il a appelés sur la France; ce
Corse, insolemment effronté, qui avait consacré la liberté
de la presse par les mots, lorsqu'il avait si perfidement
banni la chose, lorsqu'on était tremblant même sur le double sens d'un mot que l'abandon de la conversation vous
avait laissé échapper, lorsque tous les porte-feuilles fermés,
la pensée esclave, tremblante, subjuguée, et pour ainsi dire
scellée, ne s'ouvraient plus pour entretenir notre gloire
littéraire, et nous conserver cet empire de supériorité qui,
sous ce rapport, dans toute l'Europe, faisait bien venir un
Français.

Quels chefs-d'œuvres ont parus sous le règne des éteignoirs? Quel tragique a osé peindre l'horreur d'un tyran?
Quel comique a osé imprimer le cachet du ridicule sur
la sotte fatuité et l'engouement du fat parvenu qui a cru
que son tailleur avait fait de lui un grand homme, avec
deux aunes de drap superfin? Quel Boileau a osé imprimer
le fouet sanglant de la satire sur les vices et la platitude de
tels mouchards, de tels faiseurs de tours de passe-passe, de
tels fourbes traîtres à l'amitié, et foulant aux pieds tous les
devoirs qui ont cru, avec une couleur saillante, pouvoir

commander le respect et la vénération publique? Quelle
Sévigné a pu, au sein d'une douce sécurité, épancher la
tendresse maternelle avec l'expression d'un tendre badinage,
de la joie et de l'enjouement des grâces folâtres!... Quel
Bernardin de Saint-Pierre, quel Roucher, quel Saint-Lam-
bert ont célébré, chanté la nature.... la nature! On ne pouvait chercher à montrer ses lois, à la faire connaitre, pour
la faire aimer, lorsqu'on l'étouffait, et qu'on voulait l'étouffer. A la place du bon fils, du tendre époux, il fallait des
mameloucks, des séides, des hommes sans patrie ; sans principes, sans lois que les volontés et les caprices d'un chef
d'aventuriers ! Eh! nos braves défenseurs, nos célèbres ca-
pitaines, tant de grands hommes avaient vu ainsi une armée
nationale se transformer en une armée d'esclaves, sans pouvoir
d'abord opposer à la fatalité d'autre remède qu'une doulou-
reuse patience!... Mais ce n'était plus cette armée nationale,
forte par les liens des sentimens qui unissaient des hommes
défendant la cause de l'Etat. Non; tout cela ne se trouve
qu'au sein du bonheur, de la sécurité, et loin des tyrans
soupçonneux, toujours prêts à voir un crime dans le mot
le plus innocent, souvent même dans le mot dicté par le
zèle et le plus pur dévouement. Au moins en un point ils
se rendent justice, ils savent qu'ils sont dignes d'être dé-
testés, et ils croient l'être de tout le monde.

Qu'il y a loin de cette sombre et cruelle défiance à la
sécurité d'un grand Roi! Celui d'Angleterre passait un jour
sur la place où il vit un condamné attaché au pilori. Qu'a
fait ce condamné ? — Sire, il a écrit contre les ministres,
lui dit-on. — *Oh! le sot; que n'écrivait-il contre moi !* ré-
pondit-il.... Voilà la réponse d'un grand homme et d'un
Roi, que la force de ses bonnes intentions et le bien qu'il
fait le font en quelque sorte se croire invulnérable ; et c'est
ce qui fait sa sécurité.

Tel le grand Frédéric, apercevant un placard affiché
sur les murs de Berlin, que l'on s'empressait à lire, mais
dont on était empêché en quelque sorte par la hauteur où

il était placé ; voyant que c'était contre lui, il le fit déta-
cher, et placer plus bas !....

Cela dit plus en faveur de cette âme royale que cent
batailles gagnées. Nous savons trop que l'on peut gagner
des batailles, et n'être qu'un tyran soupçonneux, craintif,
fourbe et ostentatieux, qui sait ceindre sa tête criminelle
des lauriers cueillis par la valeur de la Nation et la profonde
habileté de ses généraux.

La France, heureuse sous les trois quarts du règne de
Louis XIV, devient malheureuse sous la vieillesse de ce Roi,
parce qu'il n'a pas conservé sa force d'âme. L'intolérance,
fille de la crainte ou de la superstition, et mère des tracasseries, remplace dans l'âme du grand monarque ces
idées élevées, qui l'auraient fait rougir jadis de se livrer à la
petite guerre des opinions, à la guerre contre des ombres
qui ne deviennent dangereuses que par les soins que l'on
met à les combattre : alors elles acquièrent un corps, de
la consistance, se multiplient, deviennent un objet de gloire
pour les uns, de spéculation mercantile pour les autres ;
et, au moment où vous croyez les avoir proscrites, elles
peuplent toutes les bibliothèques, les caves, les greniers,
les souterrains, où elle sont pénétré avec le nom clandestin
de leurs auteurs, qui se sont fait une grande réputation pour
avoir osé dire ce que tout le monde aurait dit innocemment
et sans conséquence aucune, sans votre funeste prévoyance...

Enfin l'intolérance du jansénisme passe de la guerre des
opinions à celle contre les personnes ; les protestans sont
bannis de la France, les manes du grand Henri en frémissent,
voyant cette injustice affreuse, cette cruauté d'une fausse religion, inspirée par une femme qui eut de l'esprit sans doute,
mais un cœur de fer, comme tous les ambitieux ; voyant
surtout que son petit-fils n'était plus digne de lui, dès
qu'il a révoqué l'édit de Nantes. Les victimes, bannies de
leur patrie par cette révocation, vont apporter leurs talens
et leur industrie en Prusse, en Westphalie, où, sous le
règne de la liberté des opinions, elles font bientôt fleurir

le commerce et l'industrie, que d'odieuses persécutions avaient expulsé de notre sol.

Tel le fanatisme espagnol, chassant des Pays-Bas la prospérité nationale, force le commerce et l'industrie d'aller se réfugier en Angleterre, alors leur tributaire, et ils y sont restés.

Nous voyons par ces exemples, et une infinité d'autres qu'il serait facile de multiplier ici, quels sont les effets désastreux de l'intolérence des opinions sur l'économie politique, la prospérité et le bonheur des Etats.

Que cette intolérence ait pour objet les opinions religieuses, politiques, philosophiques, ses résultats sont toujours les mêmes, c'est toujours l'intolérance, la guerre aux opinions, la persécution ou la tendance à nuire à ceux qui les professent, qui la plupart ne demandent que la liberté de les professer. On en trouve un exemple dans le *Vicaire de Wakefield*, cet ouvrage qui peint si profondément et si ingénieusement le cœur humain, celui des hommes à opinions surtout, presque toujours honnêtes, car on sait bien que le coquin n'a pas d'opinion à lui. Qu'on ne s'étonne plus, d'après cela, si tant d'hommes se sont déchaînés sous le règne précédent contre les principes, la morale, contre toute doctrine qui les condamne ou pouvait contrarier leurs passions désordonnées... Le Vicaire, apprenant donc la perte totale de sa fortune, fait face à l'orage d'un front assez calme ; il projette de se retirer, lui et sa famille, dans une profonde retraite, loin du monde et de l'ambition.... ; tout-à-coup un rayon de joie passe dans son cœur : Au moins là, dit-il, je jouirai de mes principes, j'aurai la liberté de les manifester !.... *And at last a small cure of fifteen pounds a year vas offered me in a distadt neigbourhood, where I could-still enjoy my principles wishout molestatin* (1). Laissez-le libre, et il est heureux.

_____

(1) On sera peut-être étonné de la résignation d'un *Vicaire* qui va occuper une *cure*. Mais il faut savoir que le mot *vicaire* signifie en Angleterre *curé*, ou plutôt *ministre*. C'est donc un ministre qui quitte un gros bénéfice pour en aller occuper un de quinze cents livres par an...... Et l'on notera que ce ne sont pas quinze cents livres *sterlings*.

Il contribuera au bonheur de l'Etat par son génie, ses idées élevées, l'activité d'une âme toujours pensante, agis-sante, qui éprouve le besoin de se répandre, de se com-muniquer, qui fera le bien, le fera aimer surtout. La per-sécution des opinions sera au contraire féconde en mauvais résultats, et il ne peut guère en être autrement, puisque c'est la *persécution*, et que du mal il en naît presque tou-jours le mal. Il en naîtra donc, non-seulement la perte du commerce, de l'industrie, mais les malheurs publics de tout genre, les haines invétérées, l'ardeur de la vengeance, et enfin le sang ruissellera pour des opinions qui, toutes et mille fois autant, n'auraient pas fait répandre une goutte de sang, coûté une larme, si l'on ne se fût pas attaché à les persécuter et à imprimer le cachet de l'infamie sur ceux qui les professent.

Or, c'est persécuter les opinions que de les empêcher de se manifester. C'est surtout joindre l'outrage à la dé-rision que de les condamner à rester ensevelies sous le nom de *liberté de la presse*. Mieux vaudrait un esclavage de la presse franchement avoué; mieux vaudrait plutôt briser toutes les presses, et dire : *Défenses sont faites de plus rien imprimer*. Par ce moyen on ne verrait pas la licence de la presse pour les uns, se tout permettre contre les autres, qui réclament vainement cette liberté de la presse, et à qui il n'est permis de rien dire !...... La proclamation de la liberté de la presse en faveur des uns, à qui il est permis de tout dire, et d'annoncer, de prôner dans leurs journaux les seuls ouvrages conformes à leurs opinions, à l'exclusion des autres, est une de ces perfidies politiques dignes d'être imaginées par un fourbe déhonté comme le despote dont la justice humaine a enfin fait justice.

Je ne dirai pas que la liberté de la presse doit être sans responsabilité, mais qu'elle ne peut exister sans être entière. C'est un cristal transparent qu'un souffle peut ternir. Je ne dirai pas le souffle d'un homme avide, d'un homme vénal, d'un fanatique, d'un jaloux, d'un méchant, d'un homme de coterie, à commérage, à esprit de parti; mais même le souffle du plus honnête homme; car quel homme est sans erreur et sans faiblesse ?

Rappelons-nous que Montesquieu fut obligé de faire imprimer son Esprit des Lois en Hollande, que ce furent ensuite les publicistes de l'Allemagne qui nous apprirent que nous avions un écrivain supérieur de plus; alors de l'anathème on passe à une admiration générale. Quel dommage ( sans la liberté de la presse en Hollande ) que ce beau monument eût été condamné à rester dans le néant! si néant il y a pourtant; car on peut dire que la lacération de l'Emile sur le grand escalier du parlement lui a donné des millions et des millions de lecteurs dans l'univers entier, qu'il n'eût jamais eu sans cette puissante recommandation. C'est ainsi que les efforts des persécuteurs de la pensée ont toujours tourné contre eux-mêmes : indice bien certain que c'est un genre de guerre injuste en soi.

Tout ce que l'on a fait et tout ce que l'on fera pour étouffer la pensée a été et sera toujours inutile, généralement parlant; une victime trouvera des milliers de vengeurs. Pour moi, je le dis franchement, si j'étais moins l'ami de mon pays et du bien, et que je spéculasse sur les écrits, je désirerais le parfait esclavage de la presse, ou encore mieux cette liberté perfide qui est licence pour les uns, et toujours armée de bâillons pour les autres; et, je ne crois pas me tromper, retiré en quelque coin de la terre, j'y vivrais dans la splendeur et l'abondance, en disant mystérieusement des choses toutes simples ou les plus atroces méchancetés; peu importe : c'est défendu, donc c'est curieux, important; on ne peut se passer de connaître ce point notable de l'histoire secrète du siècle... Voilà comme on raisonne, ou plutôt comme on sent; car on ne raisonne pas, c'est un vif désir, une passion, une fureur d'avoir tout écrit défendu... O hommes! vous êtes bien enfans de votre mère; mais surtout lorsque le fruit défendu est un imprimé. Tel libraire de Paris pourrait vous raconter que, ne pouvant pas vendre un mauvais roman, il imagina de lui donner le relief d'un livre défendu ; l'édition fut enlevée en peu de jours : la seule crainte qu'on avait, en abordant les galeries du Palais-Royal, c'était de ne pouvoir pas en avoir ; enfin les exemplaires, qui étaient à 15 francs, montèrent à 60 francs.

L'Encyclopédie, contrariée un instant, eut aussitôt dans l'Europe des milliers de souscripteurs. Beaucoup de ses articles, loin du mérite des autres, avaient grand besoin de cette recommandation.

## CHAPITRE PREMIER.

*Interprétation de l'article 8 de la Charte constitutionnelle, déduite des principes précédens.*

Après avoir considéré les effets de la puissance de la liberté de la presse sur le bonheur général, ses effets sur les ouvrages dangereux qu'elle neutralise de fait, tandis que la prohibition les met en si grande vogue ; arrivons à l'examen des questions :

*Qu'est-ce que la liberté de la presse en elle-même ?*

*Qu'est-ce que la liberté de la presse, selon l'article 8 de la Charte constitutionnelle ?*

La solution de la première de ces questions nous donnera une base sûre pour la solution de la seconde ; car si nous parvenons à nous faire une idée juste de ce qu'est, de ce que doit être nécessairement, de ce que ne peut qu'être la liberté de la presse, la supposant existante, nous saurons indubitablement quel est le sens de l'article 8, qui a pour but d'établir cette liberté, avec les garanties nécessaires au respect de l'ordre public et des personnes.

Demander qu'est-ce que la liberté de la presse en elle-même, c'est faire une question subversive de tout ordre public, si votre ordre public repose, non sur la crainte et le silence des tombeaux qui est la base du despotisme, mais sur un régime libéral.

8

En effet, ce mot de *liberté*, appliqué à la *presse*, peut-il être autre chose qu'une partie de cette liberté générale qui fait la base et le principe de notre régime libéral, de notre droit public actuel?

Or, qu'est-ce que liberté? le Dictionnaire de l'Académie dit que c'est le *pouvoir d'agir et de n'agir pas, de choisir; que c'est l'indépendance des commandemens, de la volonté d'autrui.*

La liberté, à quelque chose que vous l'appliquiez, est cela, ou elle n'existe pas. Vous ne pouvez faire que je sois libre et esclave en même temps. Ces deux états, si différens, s'excluent l'un l'autre comme l'eau et le feu. Dès que moi, homme, qui ne dois dépendre que de la volonté de la loi, je dépends de la volonté d'un autre homme, je dis que je ne suis plus libre.

Si je suis dans votre maison, et que vous me disiez : *vous êtes libre ici, mais vous ne sortirez qu'avec ma permission*, je serai forcé de vous répondre : conciliez vos termes, ou avouez franchement que vous voulez que je sois votre esclave; car si vous voulez que je sois libre, avec la restriction que vous mettez à ma liberté, de ne sortir qu'avec votre permission, il faut donc que vous vous engagiez à me la donner toutes les fois que je la demanderai. Alors la précaution n'aboutit à rien, n'est qu'une peine superflue, pour ne pas dire une sottise.

Non, direz-vous, c'est une précaution que je prends pour moi, pour vous, et par-dessus tout pour le bien public. Je ne veux pas avoir à vous punir, que vous vous rendiez punissable, et que le public ait à souffrir de vos incartades, lorsque je prévoirai que vous n'êtes pas disposé convenablement pour sortir.

Vous ne pouvez avoir aucun intérêt à ce que je sois votre esclave, je n'en ai aucun à l'être; il ne peut vous en revenir que ma haine, et à moi l'affreux tourment d'être obligé de haïr celui que je serais disposé à aimer, et qui m'ôte le bien le plus précieux, celui d'être libre, d'agir selon ma conscience. Quant au bien public, il ne peut qu'avoir à perdre à ceci, sans rien à gagner. Votre mesure porte donc à faux, elle est contraire à la saine économie politique et à l'expérience de tous les peuples éclairés.

En effet, si mes travaux, mon expérience, mon patriotisme, me mettent dans la glorieuse position de pouvoir faire une démarche, de communiquer une seule idée heureuse à ma patrie, à mon Roi, en un mot une seule chose utile pour le bien public, vous ne pouvez avoir aucun intérêt à ce qu'elle soit empêchée, cela compromet ma gloire, et le bien public aussi. Voilà donc une perte réelle pour le bien public. Par quoi la compensez-vous ? Direz-vous que c'est par la certitude que je ne ferai aucune incartade, et que lorsque vous prévoirez, comme vous dites, que je ne suis pas convenablement disposé pour sortir, alors vous me rendrez esclave ? Mais qui peut vous garantir que vous ne vous tromperez pas dans votre instinct devinatoire ? Votre funeste prévoyance est un attentat à la *liberté individuelle* et au *respect sacré des propriétés*, lorsque vous m'empêchez d'agir selon ma conscience, et de publier un ouvrage auquel j'ai employé la moitié de ma vie. Eh ! c'est par une prévoyance, qui peut être si souvent erronée, que vous m'ôtez la liberté d'agir, et me dépouillez impunément de ma propriété ! Voilà, si vous vous trompez, un double attentat à la liberté ou sûreté des personnes et au respect des propriétés, un double attentat commis pour le seul plaisir de le commettre ; car, si j'avais fait le mal, il était si facile de me faire punir. Si c'est un mal pour la société qu'un seul délit reste impuni, quelle peine infligerons-nous à celui, bien grave sans doute, que vous venez de commettre contre moi ? Sera-ce celle du talion, la plus juste de toutes, puisqu'elle répond à ce principe immuable, à-la-fois moral, religieux et politique, *ne fais que ce que tu voudrais qu'il te fût fait* ; et, si nous ne faisons pas aux autres ce que nous voudrions qui nous fût fait à

8.

nous-mêmes, il faut bien souffrir quils nous fassent le mal
que nous leur avons voulu faire.

Mais, à supposer que la peine du talion fût admise dans
notre législation, comment lappliquer à des hommes qui
bien souvent ne font aucun ouvrage, et sont quelquefois
incapables d'en produire un bon, qui le plus souvent ne
seront pas même en état de vous comprendre. Et qu'on
ne se figure pas que ce soit une chose si facile. On ne
niera pas qu'il y a une grande différence entre lire un
livre pour dire je l'ai lu, et en retenir même beaucoup de
choses, et le lire pour le comprendre entièrement, condition sans laquelle il serait téméraire de vouloir le juger.
Je ne dirai pas le juger dans son ensemble, mais même
dans la moindre de ses parties, qui, comme cela arrive
dans les livres dogmatiques, ainsi que dans tous les livres
de sciences, aura une liaison intime avec ce qui précède
et avec ce qui suit; liaison qui fait que les différentes
parties s'expliquent les unes par les autres, mais que ne
pourra pas suivre ou saisir un homme qui ne sera pas
fort dans la matière traitée; et, s'il le peut, il ne le pourra
qu'avec un travail considérable. Et qu'on ne croye point
que cette difficulté soit un vain fantôme.

Qui ne sait, qui n'a éprouvé dans ses études que pour
étudier un traité, bien comprendre un auteur sérieux et profond, il faut des années entières, encore souvent elles ne suf-
fisent pas. Or chaque auteur n'a-t il pas sa langue, sa manière, qui se diversifient avec une difference égale à celle des
esprits? Tout cela, il faut l'étudier, le comprendre; car, pour
juger un ouvrage, il faut sans doute l'avoir compris.

Mais si l'auteur a écrit dans un système différent de celui
du censeur; si celui-ci est extrême, exagéré, exclusif dans
son système; s'il dit, *hors mes idées point de salut*, n'est-il
pas à craindre que, même malgré les ordres qu'il aura reçus,
de rendre la censure impartiale, la promesse formelle qu'il
aura donnée de s'y conformer, il ne cède au secret penchant
que nous avons de vouloir que tout soit nous? Qu'on se rap-

pelle la fable de l'Homme à deux Femmes, dont l'une, qui avait les cheveux blancs, lui arrachait les noirs, et l'autre, qui les avait noirs, lui arrachait les blancs. C'est un penchant si fort!

. Si nous sortons de l'apologue pour entrer dans la religion, elle nous rappellera ce que nous ne savons que trop : « que » l'homme, par sa nature, a toujours le pouvoir de résister » à la grâce; et que, depuis sa corruption, il porte un fonds » malheureux de concupiscence, qui lui augmente infiniment » ce pouvoir. » (*Pascal*, XVIIe provinciale.) Ne voyons-nous pas Jésus-Christ *nous montrer dans la personne de saint Pierre un juste qui nous instruit par sa chute de fuir la présomption.* En est-il une au-dessus de celle de prétendre juger sainement les idées avant qu'elles aient passé au creuset de l'opinion publique, ce juge infaillible?

Qu'on se rappelle le jugement célèbre et à jamais odieux de Socrate!... L'opinion publique lui rendait justice, et la lui a rendue encore plus après sa condamnation, par des regrets inconsolables; mais les trente tyrans le condamnèrent : et qui nous dira que, entichés de leurs idées, il ne crurent pas bien faire; qu'ils n'étaient pas fermement persuadés que hors leurs opinions, leurs marottes, il n'y avait point de salut? C'est ce qui arrive presque toujours aux têtes étroites.

Qu'on se rappelle les trop célèbres querelles du *jansénisme*, où quelques intrigans de Cour, qui sont toujours le résidu des nations, finirent, en exaltant les esprits, comme le font toujours les tracasseries, par amener la funeste révocation de l'édit de Nantes. L'intolérance passa de l'âme noire de ces intrigans infâmes dans la tête affaiblie du monarque, qui se fit chef de secte. Un monarque chef de parti!... Qu'il est petit, *alors*, ce monarque, auprès du véritable LOUIS-LE-GRAND, je veux dire Louis XVI, qui, dans sa sublime lettre sur la Constitution, se peint si bien en Roi, en père de *tous* ses sujets. *Dans le cours de la révolution* dit-il, *mes intentions* N'ONT JAMAIS VARIÉ. *Dans tous les actes du gouvernement j'ai aimé à prendre pour règle* L'OPINION PUBLIQUE. *Je voulus* *m'*ISOLER DE TOUS LES PARTIS : *j'éprouve que je suis le* PÈRE DE TOUS LES FRANÇAIS. Il ne cessa jamais de l'être ; mais pardon, ô ma patrie ! ta légéreté te fit croire le contr re. Tu crus malheureusement, et c'est ce qui fit sa perte et la tienne, que le grand homme qui avait osé sonder la profondeur du mal, et qui avait eu la courageuse équité d'y appliquer le véritable remède, l'*égalité des impôts, la destruction de la servi-*tude, etc. ; tu crus qu'un tel roi pouvait s'être abaissé à devenir un chef de parti ! !.... Hélas ! les apparences qui étaient contre lui sont, au contraire, ce qui le peint comme le plus grand des hommes, surtout comme un véritable héros chrétien : il n'avait voulu que sauver de la vengeance nationale ceux même qui avaient voulu le faire mourir d'inanition, qui avaient empêché l'enregistrement de l'édit de l'impôt territorial, puis celui pour un emprunt, qui, les premiers, s'étaient révoltés contre son autorité paternelle, qui enfin l'avaient tué politiquement.... O crime ! la source de tous les autres crimes, de quelles pages sanglantes l'histoire te peindra, ainsi que le cruel égoïsme, qui en fut le moteur ! mais elle rendra justice au PÈRE DE TOUS LES FRANÇAIS : il fut juste, il fut Roi.

Revenons aux querelles du jansénisme, que Louis XVI ne se fût jamais oublié au point de les embrasser. Arnauld avait écrit qu'il n'avait pu découvrir dans *Jansénius* les cinq propositions condamnées, mais que si elles y étaient, il les condamnait. De là grande rumeur dans la Sorbonne, non pas pour mettre dans un plus grand jour la chose mise en doute, mais sur l'énormité du délit d'avoir osé douter. Nos Pères de la Sorbonne ne voulaient pas que notre foi fût aveugle seulement dans les mystères et les miracles de la religion, mais encore pour les oracles qui sortaient de leur bouche : ce qui n'est point conforme à la maxime, que le *doute conduit à la vérité*, ni même à la religion, qui est *une religion de vérité*, ni même à l'*humilité* chrétienne qui est l'opposé de la *présomption* qui peut nous faire croire que nous sommes exempts d'erreur, de la présomption qui est aux antipodes de cette humilité, si propre à nous persuader par l'exemple qu'on ne peut trop répéter, et que *nous montre Jésus-Christ dans la personne de saint Pierre, un juste qui nous instruit par sa chute de fuir la présomption.*

Quoi qu'il en soit, voilà la Sorbonne déchaînée contre ce vertueux et célèbre d'Arnauld, de ce qu'il avait osé douter lorsqu'elle affirmait. Mais comment ne pas douter? La Sorbonne s'était partagée, les uns affirmaient avoir trouvé dans Jansénius les cinq propositions condamnées; les autres assuraient ne les y avoir pas trouvées. Les docteurs qui votèrent ne les y avoir pas trouvées furent au nombre de 71; les autres, au nombre de 80, appuyés de 40 moines mendians qu'on y avait appelés exprès; mais 15 docteurs que, par cette raison on appella les *indifférens,* votèrent n'avoir vu si elles y étaient, ni si elles n'y étaient pas. Les votes de ces quinze grands hommes faisaient parfaitement la satire de ces tracasseries. Mais ce qui la faisait encore plus fortement, c'est que lorsqu'on demanda aux affirmans de montrer les propositions dans *Jansénius,* ils restèrent courts; que lorsqu'on se présentait le livre à la main pour démontrer qu'elles n'y étaient pas,... ô honte! ô malice dévote! toujours féconde en expédiens pour étouffer la voix de l'homme pieux, de l'ami de la vérité, c'est alors que tu inventas la demi-heure et l'horloge de sable!... De sorte que, lorsque le sable avait cessé de couler, la source des vérités était censée épuisée, il fallait que la démonstration, que la lecture du livre cessât. Mais ce qui prouve que les *gens honnêtes* sont moins féconds en expédiens que ne le sont en ruses ceux qui souvent s'appellent les *honnêtes gens,* c'est que les amis de la vérité ne s'entendissent pas pour avoir successivement la parole, afin de suivre la même démonstration, d'achever la lecture du livre.

Alors on eût évité peut-être à la Sorbonne « de pousser » tant d'imprécations qui se trouvent dans cette censure où » l'on assemble tous ces termes de *poison, de peste,* d'*hor-* » *reur, de témérité, d'impiété, de blasphème, d'abomination,*

» *d'exécration, d'anathème, d'hérésie,* qui sont les plus
» horribles expressions qu'on pourrait former contre l'Ante-
» christ même, pour combattre une hérésie imperceptible,
» et encore sans la découvrir ». ( *Pascal,* 3ᵉ prov. ) Expressions qu'elle employa pourtant contre M. Arnauld.

« Je vois que la censure ne fera point d'autre mal que de
» rendre la Sorbonne moins considérable par ce procédé, qui
» lui *ôtera l'autorité* qui lui est si nécessaire en d'autres ren-
» contres ». ( *Pascal,* 3ᵉ prov. )

« On demandait à M. *Lemoine,* le plus ardent des exami-
» nateurs d'Arnauld, en quoi la proposition condamnée de
» M. Arnauld paraissait condamnable : *Cette proposition,*
» a-t-il excellemment répondu, *serait catholique dans*
» *une autre bouche : ce n'est que dans M. Arnauld que la*
» *Sorbonne l'a condamnée.* Ce ne sont pas les sentimens de
» M. Arnauld qui sont hérétiques, ce n'est que sa personne.
» Il n'est pas hérétique pour ce qu'il a dit ou écrit, mais seu-
» lement pour ce qu'il est M. Arnauld. C'est tout ce qu'on
» trouve à redire en lui ». ( *Idem.* )

Qu'on se rappelle encore que cette même Sorbonne pu-
blia plusieurs feuilles d'impression pour prouver que les ouvrages de Montesquieu étaient hérétiques, et que ce ne fut
qu'après que le voile de l'erreur dont on les environnait
dans leur berceau fut dissipé; qu'après avoir enrichi les
presses étrangères, que les presses françaises osèrent exploi-
ter ces chefs-d'œuvres nationaux. . . . Eh! l'on voudrait nous
rejeter dans ces doctrines obscurantes? à-la-fois contraires
au progrès des lumières et à l'indépendance de notre commerce!...

Mais passons à un exemple plus récent, qui, entre mille
de la même nature, pourra nous donner une idée de ce que
fut la liberté de la presse sous l'affreux despotisme de Buonaparte.

Il vient de me tomber entre les mains un Mémoire tout récemment publié par M. *Mehée,* qui me fournit cet exemple,

et où je trouve la conversation suivante entre lui et M. le Préfet de police *Pasquier.*

« . . . . . Je ne sois pas du tout d'avis, dit-il avec beaucoup
» d'humeur, de l'insertion de cet article. Les pièces dont vous
» parlez sont une affaire politique qui regarde M. Caulin-
» court, et il ne vous convient pas de vous en mêler. — Je
» vous prie, Monsieur le Préfet, répondit le sieur Mehée,
» de daigner observer que ce n'est pas moi qui me mêle des
» affaires de M. Caulincourt, mais qu'on m'y mêle d'une ma-
» nière qui me compromet. — Je vous répète que je vous
» conseille de vous taire : quand on est aussi mal que vous
» dans l'opinion publique, ce que l'on a de mieux à faire est
» de se taire. — Le sieur MEHÉE osa répliquer qu'il ne pou-
» vait être mal dans l'opinion publique, que parce qu'on
» l'avait forcé à se taire ( depuis dix ans ), et que la recette de
» Monsieur le Préfet augmenterait le mal au lieu de le guérir.
» On ne répondit qu'en répétant l'avis de rester tranquille ».

« Ainsi, Monsieur le Préfet, dit en sortant le sieur Mehée,
» vous me défendez de répondre lorsque je serai insulté et
» calomnié ? — Je vous conseille de rester tranquille ».

« Ce mot *conseille* fut articulé du ton le plus propre à lui
» donner toute l'étendue qu'il doit avoir dans la bouche de
» l'autorité, et le sieur Mehée comprit très-bien. . . . . . .
» . . . . . . . . . . . . . . . . . . . . . . . . . . . . . ».

Ceci me rappelle une anecdote de mon enfance. Je passais
devant l'assommoir d'un boucher; j'avais alors six ans; une
tante à moi me menait par la main; nous voyions un homme
qui égorgeait un mouton, et lui criait d'une voix rauque et
en colère : *Veux-tu te tenir tranquille ?* Comme si le doux
animal avait été en position de l'entendre !... Je courus furieux sur lui, et lui égratignant les cuisses, *c'est vous qui
n'êtes pas tranquille,* m'écriai-je plusieurs fois !... Verte se-
monce de ma tante, excuses au boucher, qui lui dit : Ce sera
un fier mauvais sujet que ce petit ! Arrivé à la maison, ma
tante recommence de plus belle, et raconte mon action à mon
oncle qui arrivait alors de labourer, homme assez éclairé,

mais surtout d'une profonde équité. Il entendit tout et ne
répondit rien, étant l'homme le plus doux et le moins contra-
riant du monde, et l'on peut le dire, ô mon vénérable oncle !
sans que vos manes aient à en rougir, le modèle des hommes
excellens. Ma tante crut que, soit lassitude ou inattention, il
n'avait pas entendu, lui raconta de nouveau, avec des termes
encore plus forts, la chose dont elle venait d'être témoin.
Mon oncle ne répondit encore rien....; il me prit sur ses genoux, m'embrassa; je sentis une de ses larmes couler sur ma
joue, et il dit avec beaucoup de douceur : *Ce sera un homme
juste !...* Après ce que je venais de craindre pendant le récit
de l'action à laquelle je m'étais laissé emporter par pur instinct naturel, ces paroles de mon oncle me pénétrèrent mille
et mille fois. Et je trouvai ce mot de *juste* si beau, que dans
mon intérieur, je dis : *Oui, je serai juste, toujours !*

Depuis, arrivé à l'âge de raison, toutes les fois que je me
suis rappelé ma petite algarade, j'ai bien vu que j'avais tort,
que ce mouton était la propriété de cet homme, qu'il pouvait
.en faire tout ce qu'il voudrait.... Mais un homme peut-il
jamais être considéré comme une pièce de bétail? et peut-on,
non pas faire couler le sang de ses veines, mais le condamner
à un supplice cent fois plus affreux, celui de lui enlever ce
qu'il a de plus précieux, la réputation, sans qu'il lui soit
permis d'opposer la défense à l'attaque, ce qui est de droit
naturel, et ne peut être effacé du droit écrit, ou de la pratique, que dans la plus complète anarchie, soit démagogique,
soit despotique.

Enfin qu'a fait M. Mehée? il vient de s'adresser au Roi lui-
même, et son Mémoire est maintenant dans toutes les mains;
nous éprouvons que le règne d'un père n'est pas celui d'un
despote!... M. Mehée s'y justifie, comment? par un *alibi*,
sans doute la meilleure de toutes les preuves, surtout lorsqu'il s'agit de cent lieues de distance; et il nous découvre aussi
que ce n'est pas lui qui est l'auteur du fameux ouvrage qui a
paru sous son nom, *la Conjuration des jacobins et du minis-
tère anglais*, mais M. le duc de B....

Mais pourquoi s'arrêter à des exemples particuliers, lorsque Paris et les départemens fourmillent de personnes qui disaient hautement sous le règne du tyran, et qui répètent que les Journaux exclusifs et diffamatoires de Buonaparte avaient publié contre elles des noirceurs, des atrocités, sans qu'aucun de ces Journaux ait voulu ou pu obtenir la permission d'insérer la défense !

Dieu nous préserve donc de la liberté de la presse, si elle n'est que la licence pour les uns, et l'esclavage pour les autres !

Quelle plate et révoltante dérision que d'appeler *liberté de la presse*, le droit donné à un ramas de libellistes, de venir vous égorger, pendant que vous ne pouvez opposer aucune défense !...

Quelle plus amère dérision que de dire aux citoyens d'un grand État : *Vous êtes indépendans et libres ;* mais vous ne jouirez pas du premier attribut de cette liberté, attribut qui est au moins les trois quarts de cette liberté, celui de pouvoir émettre librement votre opinion ; ou bien, ce qui revient au même, vous n'en jouirez qu'avec notre permission !

Mais, encore un coup, pour être libre, avec la restriction de n'agir qu'avec votre permission, il faut donc que vous vous engagiez à me la donner toutes les fois que je vous la demanderai : autrement, convenez que vous me bercez là d'un vain mot.

L'ancien gouvernement ne s'est jamais abaissé à de pareils tours de gibecière. La censure existait, et on disait que la liberté de la presse n'existait pas. La censure n'existe pas en Angleterre, et l'on dit que la liberté de la presse, la salutaire liberté de la presse, qui fait l'esprit public et la force de cet état, existe en Angleterre.

En effet, toute la liberté de la presse est dans cette condition, *de pouvoir imprimer et publier ses opinions sans être assujetti à aucune censure ou inspection préalable.* Sauf à répondre de l'effet de ses écrits. Voilà la seule condition imposée à la liberté de la presse, en Angleterre.

Mais serait-il vrai que cette puissance si grande, si majes-
tueuse, serait assez peu généreuse, comme on l'en accuse, de
ne vouloir la liberté que pour elle! et que, pendant que son
Roi, son parlement peuvent être éclairés en même temps sur
tout ce qui est ou n'est pas dans le royaume, sur tous les abus,
par tous les partis, par tous les citoyens, grands et petits, ils
emploient, ces Anglais, leur influence à retenir les Rois de
l'Europe au maillot, ou, ce qui revient au même, à les retenir dans une atmosphère de ténèbres, où ils ne pourront voir
que par les yeux de leurs courtisans, rien entendre que de leur
langue, que l'expérience n'a que trop démontré être souvent
si...! Non, il faut croire le gouvernement anglais, ou au moins
l'Angleterre, incapable d'une conduite aussi peu généreuse,
que celle, pendant qu'elle jouirait de la liberté, de vouloir
léguer au reste du monde un système obscurant, la source
de toute oppression, le tombeau de l'esprit public, de l'activité, du commerce, peu jaloux d'acquérir lorsque la propriété cesse d'avoir sa principale garantie; système qui amène
bientôt le marasme du corps politique, ou la fièvre chaude du
mécontentement et de tous les excès : de sorte que, pour
un délit qu'une imprudente prévoyance a voulu prévenir, et
qu'il aurait été, je ne dis pas si facile, mais impossible même
de ne pas punir, on en a des millions qui restent impunis!
C'est ce que beaucoup veulent : ils ne veulent pas de la liberté, parce qu'elle bannit la licence; ils veulent la licence
pour eux, parce qu'elle bannit la liberté.

Ce n'est pas là assurément ce qu'a pu vouloir notre Roi,
Louis XVIII, lorsque, par ses déclarations de Saint-Ouen,
etc., il a consacré, comme l'une des bases de la Constitution,
la *liberté de la presse.*

Depuis a été publiée la Charte constitutionnelle, qui porte
textuellement :

« Les Français ont le droit de publier et d'imprimer leurs
» opinions, en se conformant aux lois qui doivent *réprimer*
» les abus de cette liberté. »          (*Charte const.*, art. 8.)

Toute la dificulté est dans l'interprétation de ce mot *ré-*

*primer.* Les uns veulent qu'il signifie *prévenir* les délits de la presse ; les autres entendent qu'il signifie les *punir.* Il faut convenir que ce choc dopinions, qui dans ce moment-ci est l'objet de l'attention générale, n'est pas sans quelques difficultés : mais elles sont moins réelles qu'apparentes, plus dans le sens d'un seul mot, que dans la nature de la chose elle-même. C'est ici peut-être le cas de dire : « Que la lettre tue » l'esprit ».

Mais cela ne peut arriver, lorsquon nisole pas la lettre de l'esprit de la loi, comme ce ne doit pas être.

En partant de ce principe, demandons-nous, dun côté, que signifie le mot *réprimer;* et, de l'autre, que peut-il signifier dans les lois de répression ?

Selon le Dictionnaire, réprimer, *reprimere,* signifie *arrêter les progrès du mal.* Mais ici arrêtera-t-on ce progrès, en prévenant le mal à faire, ou en punissant celui qui est fait ?

La définition grammaticale ne nous avance pas beaucoup dans la recherche de la vérité; mais il en sera autrement de la définition législative. En effet, en droit, par réprimer, on entend, on nentendra toujours seulement *punir.* Tel est le sens de ce mot dans le droit, tel est le seul esprit dans lequel on doive entendre toute loi de répression.

Ce sens, cet esprit nous sont encore confirmés par le Dictionnaire même de la langue vulgaire, qui, au mot de répression, dit : *répression, action de réprimer des* DÉLITS, *des* CRIMES. Or rien nexiste avant d'exister; des délits, des crimes ne peuvent pas exister avant davoir été commis; et ils ne peuvent pas être punis avant d'exister.

Concluons de là qu'en droit, en législation, *réprimer* ne peut jamais signifier que *punir,* et non point *prévenir.*

Mais, dira-t-on, après la promulgation de la *Charte constitutionnelle,* la CENSURE continue pourtant d'exister. Cela ne veut-il pas dire, de fait, que le gouvernement, par ce mot de *réprimer,* entend *prévenir?* car la censure n'a sans doute d'autre objet que de *prévenir* les délits de la presse.

C'est ce qu'il faut examiner. D'abord, quant à la conclusion qu'on tire de l'existence de fait de la censure, après la promulgation de la Charte constitutionnelle, elle paraîtra un peu leste. Il serait plus juste de dire : la censure existe, donc elle existe. Et c'est vraiment toute la conséquence qu'on puisse tirer en ce moment de son existence.

En effet, ne sait-on pas que, malgré la promulgation de la Charte constitutionnelle, toutes les parties de l'administration sont encore dans le même état où elles étaient, qu'aucune n'a encore subi les réformes et améliorations dont elle est susceptible ?

D'accord, dira-t-on; mais ces réformes, ces améliorations n'iront pas à supprimer une branche d'administration, une administration même subsistante, comme celle de l'imprimerie et de la librairie ?

Eh! qui vous parle de la supprimer? Je veux, au contraire, lui donner une existence plus active, et cent fois plus honorable. Au lieu d'en faire le tombeau de la liberté de la presse, je veux qu'elle en soit la protectrice. Faites-moi le plaisir de m'entendre jusqu'au bout, c'est-à-dire, de m'entendre ; car il est impossible de juger un écrit, sans en connaître le commencement, le milieu et la fin, sans en connaître, en un mot, l'ensemble. Je vous parais peut-être marcher lentement? mais c'est afin de marcher plus sûrement. Et j'ose espérer de ne pas finir sans vous avoir convaincu de l'utilité des vues que je propose, puisqu'elles tendent, d'un côté, à ne pas faire de la Charte constitutionnelle un vain simulacre, ce qui est toujours déshonorant pour les gouvernans et les gouvernés; et, de l'autre, à la mettre en parfaite harmonie avec la *liberté et la propriété individuelles*.

Si la liberté et la propriété individuelles sont le fondement de l'état social, si une Constitution, en partageant les pouvoirs, en les limitant, les uns par les autres, comme cela est dans la monarchie modérée, n'a d'autre but que d'asseoir l'État sur sa base par la garantie pure et entière de la *liberté et la propriété individuelles*, elle ne peut rien consacrer, ni souffrir, qui y porterait atteinte.

D'après ce principe sacré, il suffit de savoir ce que c'est que la liberté et la propriété individuelles, pour savoir ce qui doit être, et n'être pas constitutionnellement parlant.

Or, qu'est-ce que la *liberté individuelle ?* Le droit d'agir librement, selon mon libre-arbitre, qui ne doit avoir que deux espèces de frein : le premier, et qui est le supplément des lois écrites, c'est cet ascendant impérieux, et que l'on a appelé avec raison le premier des casuistes, la *conscience*, qui ne cesse d'avoir son empire que chez l'homme vil et corrompu ; c'est à celui-ci que s'applique le second frein du libre-arbitre, les *lois écrites,* qui ne doivent punir que les délits commis postérieurement à leur promulgation.

En second lieu, qu'est ce que la *propriété individuelle ?* Elle comprend trois genres de propriétés : les propriétés foncières, les propriétés mobilières, et, la plus importante de toutes, la propriété personnelle, qui est soi.

Maintenant supposons que je veux publier l'ouvrage auquel j'ai consacré une grande partie de ma vie, et auquel j'attache ma fortune et ma gloire.

Cet ouvrage peut-il être soumis, avant que je le publie, à une inspection préalable ?

Mais dans quel objet !

Pour protéger ma liberté individuelle ? Mais je ne vous demande autre chose que de me laisser agir selon ma *conscience*.

Pour protéger ma propriété ? Mais vous attentez au libre usage que j'ai le droit d'en faire.

Pour protéger l'ordre public ? Mais je ne l'ai jamais troublé.

Pour protéger les individus qui pourraient être victimes de ma malignité, de mon mauvais naturel ? Mais je n'ai jamais été un méchant, ni un calomniateur : si je l'ai été, on a dû me punir ; et le délit puni est expié, effacé par la punition.

Si j'ai été méchant, calomniateur, on a dû me punir ; parce que l'impunité du crime en amène la fréquence. C'est donc par la seule punition qu'a lieu la répression des délits et des crimes. ·

Mais si j'en ai commis, soit qu'on me les ait fait expier par la punition, soit que l'on ait voulu les laisser impunis ; mais si je n'en ai pas commis surtout, pourquoi, sous quel prétexte viendra-t-on attenter *à ma liberté et à ma propriété individuelles ?* Sous prétexte de prévenir des délits que je n'ai pas commis, ni que je ne puis avoir commis, puisque mon ouvrage ne peut troubler l'ordre public, ni déverser la calomnie sur qui que ce soit avant sa publication. Eh bien ! ces délits, que je n'ai pas commis, que jamais je n'ai l'intention de commettre, que je ne puis même avoir commis, mon ouvrage n'ayant pas encore été publié, j'en suis pourtant puni comme si j'en étais réellement coupable, alors que l'administration, par une prescience, ou une science devineresse, prophétisant le mal que ferait mon ouvrage, m'en dépouille absolument, en m'empêchant de le mettre au jour.

Ainsi voilà un attentat formel porté à la *liberté et à la propriété individuelles ,* une anarchie organisée !

Et cette conséquence ne peut être contestée ; car, à supposer même que votre instinct prophétique ne vous trompât pas, que j'eusse réellement l'intention de commettre quelque délit en publiant mon ouvrage, on ne peut, avant qu'il soit commis, le punir, en mesurer l'étendue, en apprécier la nature et l'espèce, afin de lui appliquer une peine proportionnée.

Mais ce délit que vous prophétisez devoir être, je suppose du poids de cent mille, n'aurait peut-être été que du poids d'un décigremme ? C'est égal, la peine est la même !

Mais ce délit que vous prophétisez, que vous croyez apercevoir d'avance, flairer à l'inspection des lignes de mon ouvrage, n'aurait peut-être jamais existé, aucunement. Peut-être au contraire cet ouvrage aurait produit le plus grand bien ? C'est égal, la peine est la même !

Vous savez qu'en ce genre, les erreurs sont si faciles ! Et si mon ouvrage avait produit un grand bien, comme c'est fréquent dans les pays où existe la liberté de la presse, vous m'auriez donné des éloges, au lieu que vous me punissez pour un délit imaginaire, et dépouillez aussi le public de ce bien que je lui destinais? C'est égal, la peine est la même!

Quelle jurisprudence!

Elle est certes très-digne de ses plus ardens partisans, Robespierre et Buonaparte : mais elle ne peut se concilier avec la liberté et la propriété individuelles, aucunement.

Et d'abord que l'on considère qu'outre, dans le cas que j'ai supposé, elle m'enlève toute mes propriétés extérieures, elle m'enlève encore la plus grande partie de ma *propriété personnelle*, autrement appelée *liberté individuelle*.

En effet, en quoi consiste la liberté individuelle? Dans la liberté d'agir selon mon libre-arbitre, comme nous l'avons déjà vu. Or cette liberté ne se borne pas aux actions corporelles seulement; elle embrasse aussi les actions de l'esprit. Ce genre d'action est le plus important, le plus universel : il est le plus universel, puisque l'infirme, le boiteux, le bossu, l'aveugle, comme l'homme le plus superbement constitué, le mettent également en usage, et peut-être le mieux; et si c'est par l'action de l'esprit que je dirige ma famille; que je dirige aussi mes établissemens, que je défends ses droits et les miens, l'État même, si je suis homme d'État; si c'est par là que je double, que je centuple mon existence et celle des miens; si c'est par là uniquement que je fais usage de la liberté politique, que j'ai une existence politique dans mon pays : il en résulte que m'ôtant la liberté d'action de mon esprit, vous me privez des trois quarts de ma propriété personnelle, et m'ôtez toute existence politique, je ne suis plus qu'un serf!

Avoir démontré que la liberté de la presse fait partie de la *liberté générale*, et une partie essentielle, n'est-ce pas avoir prouvé qu'elle ne saurait être mise en question sous un régime fondé sur l'indépendance nationale, et, par conséquent, sur l'indépendance individuelle? Car, de même que la Nation se forme d'individus, l'indépendance nationale se forme des libertés individuelles.

Avoir démontré que la liberté de la presse fait partie, et une partie essentielle de *la liberté et de la propriété indivi-duelles*, garanties par la Constitution, n'est-ce pas avoir prouvé que l'on ne peut y porter atteinte sans nuire à cette garantie, à ces droits sacrés, sans le respect desquels il n'est que désordre et anarchie?

Avoir démontré en un mot que la liberté de la presse fait partie, et de *la liberté générale*, et de *la liberté et de la propriété individuelles*, n'est-ce pas avoir prouvé même l'inu-tilité de la consacrer par une disposition à part?

En effet la liberté générale existe, les servitudes, la féo-dalité, toute espèce d'esclavage sont détruits à jamais; la liberté générale existe : donc les actions de mon esprit, les actions de l'imprimerie sont libres comme toutes les autres actions.

J'en dirai autant au sujet de *la liberté et de la propriété individuelles*, elles existent : donc les actions de mon esprit, les actions de l'imprimerie, l'usage de ma propriété sont libres.

On se demande, comment donc avoir fait une disposition à part d'une chose qui découle si positivement des principes généraux, qui en fait si positivement partie?

Sans doute on a voulu donner une double garantie pour cette partie de la liberté générale, pour cette partie de la liberté individuelle, pour cette partie de la propriété indi-viduelle : d'autant plus qu'il n'est pas de liberté générale sans celle-là, qu'il n'est pas de liberté individuelle sans celle-là, qu'il n'est pas de propriété individuelle d'assurée sans celle-là.

Or cette liberté étant devenue dans nos Etats modernes la partie essentielle de la liberté générale, ainsi que de la li-berté et de la propriété individuelles; dans nos États mo-dernes où elle remplace le forum, la tribune aux harangues, sans en avoir les inconvéniens ni les avantages ; mais qui a l'avantage de pouvoir répandre doucement et sans bruit la lumière salutaire qui doit servir la liberté générale ou ma liberté individuelle, ou ma propriété. Si je dépasse ces bornes légitimes, je ne puis le faire impunément : je ne puis attenter à la sûreté générale, à la liberté et à la propriété individuelles de mes compatriotes sans être punissable, et puni dès qu'on le voudra : et on devra toujours le vouloir, puisque la *répression* des délits est la vraie manière de les *prévenir*.

Si ces notions sont justes, d'une évidence palpable qui se démontre aux yeux des moins clairvoyans, si elles sont conformes à la lettre de la Charte constitutionnelle, si elles en sont la lettre même et l'esprit, comment pourrait-on croire qu'une disposition particulière, blessant cette lettre et cet esprit, aurait pour objet de porter atteinte non-seulement à la liberté générale, mais encore, et par suite, à la liberté et à la propriété individuelles ? qui ne peuvent avoir d'autres bornes que celles de ne pas attenter à l'ordre public et aux droits des personnes, qui, dans leurs écarts, ne peuvent subir d'autres peines que celles imposées par le Code pénal aux délits commis, auxquels on ne pourra jamais assimiler, sans un mépris subversif des garanties fondamentales du pacte social, les délits imaginaires, bien que certains aux yeux des prophètes qui en ont déterminé l'époque, l'étendue et l'espèce : trois conditions essentielles.

Effectivement, il faut en déterminer *l'époque future*; car si l'auteur vient à mourir dans huit jours, vous ne pouvez pas le punir aujourd'hui, en lui ôtant la faculté d'agir et d'user de sa propriété, pour un délit qui n'aura lieu que dans un mois, deux mois, six mois, ou même davantage : puisque nul n'est punissable durant sa vie, pour le mal *présumé* que feront ses propriétés après sa mort. Le juge à qui l'on proposerait l'application d'une telle loi pourrait répondre très-pertinemment avec Pyrrhus :

« . . . . . Tant de prudence entraîne trop de soin ,
» Je ne sais point prévoir les malheurs de si loin. »

Il faut en connaître l'étendue, de ce délit; car autrement comment le classer, en déterminer l'espèce?

Il faut enfin en connaître l'espèce ; car autrement comment lui appliquer la peine proportionnée à sa gravité spécifique?

Plus on tourne et l'on retourne tous ces raisonnemens, toutes ces vérités devenues triviales, et plus on voit : *Que la liberté de la presse est une partie essentielle et inviolable de la liberté générale, de la liberté et de la propriété individuelles.*

Or, comme ce sont là évidemment les bases de la Constitution, de tout pacte social, on ne peut admettre que notre article 8 ait voulu les saper, mais au contraire les consolider ( et elles en ont tant de besoin! ) par une surgarantie ou sujet de la liberté de la presse, qui en est la partie la plus essentielle.

## CHAPITRE II.

### PROJET D'ORGANISATION

*De l'Administration de la Liberté de la Presse.*

C'est en prenant l'article 8 dans le sens de la garantie des droits ( puisqu'on ne peut lui en donner d'autre sans s'écarter de la raison, et du respect dû au législateur), que je vais examiner l'importance et l'utilité d'une administration de l'imprimerie et de la librairie.

Il faudrait prendre les moyens de s'assurer, autant que possible, de n'avoir pas dans une branche de commerce aussi délicate, et qui attire si particulièrement la sollicitude du gouvernement, une foule de gens ineptes, dont rien n'égale l'ignorance et l'astuce, si ce n'est leur basse cupidité. Plus cette classe recommandable de commerçans sera bien composée, et moins certainement seront dangereux les produits de la presse; c'est-à-dire les écrits clandestins et les contrefaçons, dont les uns tendent à compromettre la sûreté publique, et les autres la fortune des Citoyens.

Les notaires sont assujettis, pour leur réception, à un examen préalable, et à des certificats qui attestent qu'ils ont pratiqué le temps déterminé par la loi ; les ouvriers, dans les principales villes de France, sont soumis à une juridiction paternelle, et dont l'efficacité est dès long-temps reconnue, celle des *prud'hommes*, qui préviennent plus d'écarts qu'ils n'en punissent. Croit-on que dans une partie comme celle de l'imprimerie-librairie, où les fautes individuelles deviennent si graves pour le public, les mêmes précautions ne seraient pas d'une grande utilité ? Un imprimeur inhabile expose le public à voir gâter impunément des éditions considérables ; un ignorant libraire, qui imprime un mauvais manuscrit, s'expose à sa ruine, et compromet les affaires de toutes les maisons de commerce avec lesquelles il est en compte ouvert ; un relieur inepte peut gâter des ouvrages d'un très-grand prix, commettre, s'il est infidèle, beaucoup d'abus de confiance, soustraire des planches, mettre de mauvaises épreuves à la place des bonnes, etc., etc.

Ces inhabiletés, ces spéculations ignares, ces infidélités, n'ont que trop souvent lieu dans l'imprimerie, la librairie, la reliure. Il faut y ajouter les gaspillages des brocheurs, brocheuses, et des ouvriers d'imprimerie, et l'on aura le tableau d'une longue chaîne d'abus et de désordres qui compromettent beaucoup l'exercice de la liberté de la presse, et qui appellent l'œil vigilant et la sollicitude d'une administration chargée, non point de comprimer, mais de vivifier et de conserver par l'ordre, qui est le respect des droits et des devoirs. Formons donc cette administration paternelle, qui, sous un gouvernement paternel et réparateur, doit être un des principaux instrumens de la restauration, de la régénération ou plutôt de la création de l'esprit public, de cet esprit public qui doit apprendre au Français à être fier de vivre sous un gouvernement tel que le sien, et le porter à l'aimer et à le servir religieusement. Après la religion envers Dieu, celle envers la patrie est la première. L'organisation de cette administration est donc de la plus haute importance. Tâchons de la déterminer.

D'abord je commencerai par la dénomination : car les dénominations étant destinées, en ce genre surtout, à faire connaître l'usage des institutions, il importe beaucoup de leur en donner une qui soit en harmonie avec leur destination : mais celle d'*administration* ou de *direction de l'imprimerie et de la librairie* ne saurait l'être, selon moi. On dirige, on administre sa chose ; le gouvernement administre, dirige l'exploitation de ses biens domaniaux, dirige la perception des contributions qu'on lui paye, celle de l'enregistrement, des droits du timbre, etc. Mais l'imprimerie et la librairie n'appartiennent pas au gouvernement, pas plus que la draperie, la toilerie, l'épicerie, etc., etc. La *liberté de la presse* est un droit public que toute Constitution saine doit garantir, et le gouvernement protéger avec un soin extrême. Il doit confier cette protection spéciale et si étendue dans ses effets à une administration particulière. Cherchons-lui une dénomination qui la caractérise réellement, en indique l'essence, les attributions et le but. Il me paraîtrait que celle de

ADMINISTRATION DE LA LIBERTÉ DE LA PRESSE

remplirait ces conditions le mieux possible. La liberté de la presse, elle, est une propriété réellement publique ; elle peut donc devenir l'objet d'une administration publique ( et non pas l'imprimerie et la librairie ), administration qui a pour objet d'en assurer la jouissance paisible et entière à chaque Citoyen, sans acception de taille, de couleur, de fortune, pas plus que du parti auquel il a tenu, tient ou tiendra, puisqu'il s'agit de remplacer l'inique esprit de parti par la consolante et vivifiante *Concorde*, proclamée par le père de la patrie.

Or, l'*administration de la liberté de la presse* administrerait cette liberté comme on administre toute autre branche de l'administration publique, c'est-à-dire de manière à lui faire produire tout le bien dont elle est susceptible, et à éviter les abus.

Les abus ou la licence sont ennemis de toute liberté, et en sont le tombeau; et, il faut en convenir, la liberté de la presse, est celle qui en est le plus susceptible, et qui en même temps a le plus à les craindre.

C'est avoir dit en deux mots combien l'administration qui en est chargée est une administration délicate et difficile à organiser. Cette matière importante, qui est peut-être aujourd'hui la clef de la voûte de l'édifice social, n'a cessé de faire l'objet de mes méditations, en visitant les différentes parties de l'Europe où j'ai étudié soigneusement ce genre d'institution.

D'après ce que j'ai vu, comparé, d'après mes propres réflexions, il me paraît très-fortement que l'*administration de la liberté de la presse* pourrait être basée sur le principe déjà énoncé, qui est d'être destinée à faire produire à cette liberté tout le bien dont elle est susceptible, et d'en éviter les abus.

Quel est ce bien?

Quels peuvent être ces abus?

Le bien de la liberté de la presse résulte d'elle-même; mais, pour cela, il faut qu'elle soit elle-même, entièrement elle-même. Soumise à la loi pour ses écarts, elle ne doit nullement l'être à l'arbitraire des hommes. Alors on ne sait où s'arrêteront, de ce côté-ci, les écarts, les erreurs; si c'était sous le précédent règne, je dirais, les crimes mêmes. Voyez les nombreuses victimes qui se plaignent des diffamations des folliculaires, sans qu'il leur ait été permis de se défendre! Le bien, enfin, de la liberté de la presse, c'est la jouissance de *la liberté et de la propriété individuelles*.

Pour ce qui est des abus qui environnent la liberté de la presse, ils sont très-nombreux.

Je mettrai au premier rang les attentats contre cette liberté : ce sont des attentats contre la sûreté de l'État.

Un second abus, dont il sera très-souvent difficile de connaître les auteurs, ce sont les écrits clandestins. Par leur seule nature ils sont suspects. Mais il sera toujours plus ou moins facile de convaincre les débitans, considérés comme complices. Heureusement que cette vermine, qui pullule avec l'esclavage de la presse, et fait la fortune des libraires insoumis aux lois, tandis qu'elle ruine ceux qui y sont fidèles, diminue ou même disparaît tout-à-fait avec la liberté de la presse.

Je mettrai au troisième rang les contrefaçons, un des plus grands abus de la liberté de la presse ; puisque cette liberté ne peut autoriser à s'emparer du bien d'autrui.

Un quatrième abus, et qui a eu des suites très-funestes, c'est la liberté indéfinie qu'ont eu toutes sortes de gens de se jeter dans l'imprimerie et la librairie, deux états des plus difficiles de tous ceux qu'exercent les hommes, notamment celui de la librairie. Jadis on voyait dans l'ancienne librairie des maisons qui s'attachaient chacune à un genre qu'elle connaissait particulièrement, de père en fils. Aujourd'hui tout est bon au même libraire, mathématiques et poésie, jurisprudence et romans, théologie et histoire naturelle, livres de religion, satires et pamphlets. . . . La raison en est simple : ne connaissant pas plus l'une de ces branches de l'esprit humain que l'autre, il donne dans toutes indifféremment, comme et tout de même qu'un entrepreneur de maçonnerie prend des ouvrages à la toise. Encore sait-il ce qui entre dans le mur. Combien de libraires incapables de savoir ce que contient le livre qu'ils achètent! Beaucoup seraient plus propres à rendre un mauvais office à leurs confrères. La basse jalousie est extrême dans cette partie, depuis qu'un grand nombre d'hommes sans aucune éducation se sont jetés dans cette classe respectable. Elle est digne de devenir l'objet d'une sérieuse attention de la part du législateur. La librairie de la France, notamment celle de Paris, est la librairie de l'univers : au moins elle l'était. C'étaient les chefs-d'œuvres sortis des presses de Paris qui nous avaient acquis cette prépondérance en Europe, cette admiration sentie que partout y inspiraient ces

mêmes chefs-d'œuvres. La librairie française doit se relever
avec le trône des Bourbons. Princes amis des lettres, ils
mirent toujours leur gloire à les protéger, et les lettres éter-
niseront leur gloire. Mais je ne confonds pas la liberté de la
presse en littérature, qui ne peut souffrir aucune difficulté,
dont souvent la licence même entre dans les vues corrup-
trices du despotisme, avec la liberté de la presse en politique,
en religion, la seule dont il s'agisse ici, et qui est essentiellement ce qu'on entend par liberté de la presse. Le règne de
Louis XIV donna à la France une langue des plus parfaites,
capable de rivaliser avec les langues anciennes par son harmonie, surtout par sa clarté, et à l'Europe entière une littérature..... Louis XVI fut un des hommes les plus instruits de
son siècle, en même temps qu'il en fut le plus sage. Ce n'était
pas sa faute si nous l'étions si peu..... Mais il est le seul de
nos princes qui ait consacré la liberté de la presse sans restriction, c'est-à-dire la liberté de la presse, car si elle n'est
pas libre comme la respiration, elle n'est plus. C'est ainsi
que l'avait entendu ce sage Roi. Il s'était plaint de la licence
des écrits; il dit, dans sa Lettre (1) à l'Assemblée nationale,
en acceptant la Constitution de 1791, que si cette licence
avait subsisté, il n'eût pas accepté la Constitution; mais il
reconnaît qu'elle contient les mesures propres à la RÉPRIMER.
Or la Constitution de 1791 n'admet d'autre mesure de *répression* que la *punition* des coupables. Donc Louis XVI enten-
dait par *réprimer*, *punir*; donc tous les princes qui seront jaloux de régner selon les maximes de ce sage Roi, ne pourront s'écarter de ce sens donné au mot *réprimer* par le Roi
le plus instruit de l'Europe, à moins de prouver que le Dictionnaire de la Langue française a été changé depuis 1791.

Louis XVIII (Dieu me préserve de chercher à le flatter!
je le respecte trop) a obtenu, nous dit-on, en Angleterre
même, la réputation d'un esprit éminemment éclairé. Puisse

_____

(1) Du 16 septembre 1791. Voy. cette Lettre, à la suite de la Constitution de 1791, édition de *Lebègue*, in-8°, 1814.

cette grande garantie d'un bon règne être d'accord avec tout ce que mon cœur se plaît à lui accorder de mérites et de vertus! Il est le frère, et le frère estimé du Roi, du Roi juste et éclairé qui voulut notre bonheur et sut prendre les moyens de le réaliser; moyens que l'égoïsme et toutes les basses passions traversèrent. Etait-il permis à unsage de croire à tant de perversité !....

Mais comme ce malheureux sujet m'entraîne toujours!... Revenons. Louis XVIII, les pairs, et les communes sentiront la nécessité de relever une des branches de notre ancienne gloire, la gloire scientifique et littéraire, sans doute; mais surtout celle de l'indépendance de la presse en *religion*, en *politique* : c'est le moyen d'empêcher les excès du fanatisme, les *fraudes pieuses*, les *persécutions;* les excès de l'autorité civile, les *exactions*, l'*oppression*.

Mais qu'on fasse bien attention que le véhicule de la gloire littéraire est dans le corps de la librairie; c'est ce corps qui fait, lui, les bons auteurs. A mesure qu'ils y trouvent loyauté et moyens de s'y faire un sort en plaçant avantageusement leurs ouvrages, ils se dévouent aux connaissances, aux sublimes travaux que, depuis long-temps, nous sommes accoutumés à regarder désormais comme impossibles. La stéréotypie, très-favorable à la propagation des lumières, leur est très-contraire d'un autre côté, ayant ôté de la librairie des éditions qui lui donnaient de grands moyens de plus de faire des entreprises dans ce genre. A cela qu'on joigne les bibliothèques des couvens jetées dans le commerce, et qui ont tant déprécié les livres; l'interruption de toutes 1 communications, par l'effet de la guerre perpétuelle ' et l'on sentira parfaitement que, dans cet état de choses le commerce de la librairie a besoin, pour se relever, de toute la sollicitude d'un Roi ami des lettres. C'est aussi dans l'organisation de l'Imprimerie-Librairie qu'est la principale garantie contre la licence de la presse.

Un cinquième abus, ce serait celui qui résulterait de la suppression de la censure. Cette censure, contre laquelle je me suis élevé avec toute la force dont je suis capable, est pourtant indispensable et infiniment utile; mais il s'agit de savoir comment.

Au moment où nous venons de sortir de sous le joug du despotisme, que les esprits fiers ont supporté avec une si vive impatience, et que d'autres, néanmoins très-éclairés, ont supporté dans les angoisses de la crainte, les uns s'indignent de toute espèce de joug ; ils ont pris un essor si mâle, si français, depuis le retour des Bourbons et de la liberté, qu'ils ne peuvent plus se plier à aucune contrainte qu'ils ne croient pas utile ; les autres, au contraire, n'oseraient pas hasarder de publier leurs opinions, des vues très-saines, qu'ils tiennent soigneusement serrées dans leur porte-feuille, s'ils devaient encourir quelque responsabilité.

Les lois doivent s'adapter aux mœurs. C'est donc d'après cet état de choses que je proposerai d'établir que la Censure soit *facultative*; c'est-à-dire que ceux qui voudront y soumettre leurs ouvrages cesseront d'en être responsables, moyennant l'approbation qu'ils obtiendront, s'ils l'obtiennent. Dans le cas contraire, les auteurs sont libres de ne pas faire imprimer leurs ouvrages, ou de le faire sous leur responsabilité.

Ces données sont simples ; j'ose les croire en contact avec l'état des choses ; elles sont surtout en harmonie avec les lumières du siècle ; c'est-à-dire avec la connaissance des droits et des devoirs, de *la liberté* et de *la propriété individuelles.*

C'est donc d'après ces mêmes données que je vais tâcher de déterminer un plan d'organisation, que je demanderai la permission de présenter en forme de loi, pour le rendre plus clair, dans lequel j'énoncerai ce que l'expérience et mes propres réflexions m'ont fait croire de plus propre à donner à la liberté de la presse son efficacité, à assurer la répression des délits, et à rétablir le commerce de la librairie.

# LOI

## SUR LA LIBERTÉ DE LA PRESSE.

## CHAPITRE PREMIER.

*Double garantie, d'un côté de la Liberté de la Presse, et de l'autre de la Sûreté publique, de la Liberté et de la Propriété individuelles.*

ARTICLE PREMIER. L'article VIII de la Charte constitutionelle porte : « Les Français ont le droit de publier et de » faire imprimer leurs opinions, en se conformant aux lois » qui doivent réprimer les abus de cette liberté. »

Pour la garantie de cette liberté, la loi déclare que la publication et l'impression de tout ouvrage quelconque ne peut être soumise à aucune inspection ou censure préalable, sous peine, contre tout agent de l'autorité qui contreviendrait à cette disposition, d'être poursuivi comme coupable d'attentat à la sûreté et à la liberté de l'État.

Pour la garantie de la sûreté publique, de la liberté et de la propriété individuelles, tous ceux qui publieront ou feront imprimer leurs opinions, sont et demeurent responsables de leurs écrits, sauf la modification portée en l'article 29 ci-après.

ART. 2. Pour assurer la responsabilité établie en la dernière partie de l'article ci-dessus, l'administration de la liberté de la presse, tout magistrat et fonctionnaire public compétant tiendront strictement la main à l'exacte exécution des articles 283 et 286 du Code pénal (1).

---

(1) *Articles du Code pénal de 1810, cités ci-dessus.*

ART. 283. « Toute publication ou distribution d'ouvrages, écrits, avis, bulletins, affiches, journaux, feuilles périodiques ou autres imprimés, dans lesquels ne se trouve pas l'indication vraie des noms, profession et demeure de l'Auteur ou de l'Imprimeur, sera, pour ce seul fait, punie d'un emprisonnement de six mois, contre toute personne qui aura sciemment contribué à la publication ou distribution.

ART. 286. Dans tous tous les cas ci-dessus, il y aura confiscation des exemplaires saisis.

## CHAPITRE II.

### *De la Garantie des Auteurs et de leur Responsabilité.*

Art. 3. « Nul homme ne peut être recherché ni poursuivi pour raison des écrits qu'il aura fait imprimer ou publier sur quelque matière que ce soit, si ce n'est qu'il ait provoqué à dessein la désobéissance à la loi, l'avilissement des pouvoirs constitués, la résistance à leurs actes, ou quelques-unes des actions déclarées crimes ou délits par la loi.

» La censure sur les actes des pouvoirs constitués est permise ; mais les calomnies volontaires contre la probité des fonctionnaires publics et la droiture de leurs intentions, dans l'exercice de leurs fonctions pourront être poursuivies par ceux qui en sont l'objet.

» Les calomnies et injures contre quelque personne que ce soit, relatives aux actions de leur vie privée, seront punies sur leur poursuite.

Art. 4. » Nul ne peut être jugé, soit par la voie civile, soit par la voie criminelle, pour fait d'écrits imprimés ou publiés, sans qu'il ait été reconnu et déclaré par un juré, 1° s'il y a délit dans l'écrit dénoncé, 2° si la personne poursuivie en est coupable (1). »

Art. 5. Les dispositions pénales applicables dans les cas déterminés aux articles 2, 3 et 4 ci-dessus, le seront conformément aux articles 287, 367 à 377 du Code pénal et autres articles du même Code y relatifs.

## CHAPITRE III.

### *Des Propriétés littéraires, de celles des arts libéraux, des Contrefaçons et des Écrits clandestins.*

Art. 6. « Les auteurs d'écrits en tout genre, les compositeurs de musique, les peintres et dessinateurs qui font gra-

---

(1) Les articles 3 et 4 ci-dessus sont extraits de la Constitution de 1791, sanctionnée par Louis XVI, où ils forment les art. 171 et 172 de la série entière de cette Constitution, édition précitée, p. 137.

ver des tableaux ou dessins, jouissent durant leur vie entière du droit de vendre, faire vendre, distribuer leurs ouvrages dans le territoire de la République, et d'en céder la propriété en tout ou en partie.

Art. 7. » Leurs héritiers ou cessionnaires jouissent du même droit durant l'espace de dix ans après la mort des auteurs.

Art. 8. » Les officiers de paix sont tenus de faire confisquer à la réquisition et au profit des auteurs, compositeurs, peintres ou dessinateurs, et autres, leurs héritiers ou cessionnaires, tous les exemplaires des éditions imprimées ou gravées sans la permission formelle et par écrit des auteurs.

Art. 9. » Tout contrefacteur est tenu de payer au véritable propriétaire une somme équivalente au prix de trois mille exemplaires de l'édition originale.

Art. 10. » Tout débitant d'édition contrefaite, s'il n'est pas reconnu contrefacteur, est tenu de payer au véritable propriétaire une somme équivalente au prix de cinq cents exemplaires de l'édition originale.

Art. 11. » Tout citoyen qui met au jour un ouvrage, soit de littérature ou de gravure, dans quelque genre que ce soit, est obligé d'en déposer deux exemplaires à la bibliothèque nationale ou au cabinet des estampes de la République, dont il reçoit un reçu signé par le bibliothécaire, faute de quoi il ne peut être admis en justice pour la poursuite des contrefacteurs (ou déposer à l'admin. de la Liberté de la Presse).

Art. 12. » Les héritiers de l'auteur d'un ouvrage de littérature ou de gravure, ou de toute autre production de l'esprit ou de génie, qui appartiennent aux beaux-arts, en ont la propriété exclusive pendant dix années » (1).

____

(1) On a rétabli ici les dispositions de la loi du 19 juillet 1793, par les art. 6 à 12 ci-dessus.

On ne pourrait concevoir ce qui avait fait réduire les peines contre les contrefacteurs et leurs complices, si ce n'est que les propriétés littéraires paraissaient suspectes à Buonaparte, ainsi que leurs propriétaires et les auteurs qui pouvaient et devaient naturellement être entachés d'*idéologie* : le *comble du cannibalisme !* selon lui.

Art. 13. Tout auteur ou débitant d'écrits clandestins sera puni conformément aux dispositions du Code pénal, articles 287, 367 à 377, et autres articles du même Code qui lui seront applicables.

## CHAPITRE IV.

*Du Personnel de l'Imprimerie, de la Librairie, de la Reliure, du Brochage, de la Gravure en Caractères d'imprimerie.*

Art. 14. Tous ceux qui exercent et se destinent à des professions et métiers tenant à l'imprimerie ou à ses produits, ne pourront les exercer à l'avenir que pourvus d'un brevet en forme, qui sera délivré par l'administration de la liberté de la presse.

Art. 15. Les imprimeurs, libraires et relieurs ne pourront être brevetés que sur un certificat constatant leurs bonne vie et mœurs, et leur apprentissage, dont la durée sera déterminée par un réglement de l'administration de la liberté de la presse.

Néanmoins, pour accorder la liberté du commerce et de l'industrie avec leur sûreté, il pourra être délivré des brevets à ceux qui feront preuve des capacités nécessaires pour donner des garanties suffisantes, sans avoir rempli toutes les conditions requises.

Art. 16. Les imprimeurs et les libraires devront connaître la langue française par principes, et être à même de la parler et de l'écrire correctement, et de juger aussi si elle est parlée ou écrite correctement.

Ceux qui se destinent à la librairie ancienne, spécialement, devront faire preuve d'assez de connaissance dans le grec et le latin, et même dans l'hébreux, pour pouvoir au moins discerner les titres, les éditions, et leurs variantes principales.

Quand aux graveurs, relieurs, aux brocheurs, brocheuses, il suffira, pour la capacité, qu'ils prouvent qu'ils ont celle relative à leur métier.

# CHAPITRE V.

*De l'Administration de la Liberté de la Presse.*

§. Ier. *Administrateurs généraux.*

ART. 17. L'administration aura pour objet de surveiller, de réprimer, ou de requérir la répression des délits qui porteront atteinte à la liberté de la presse. Seront considérés comme tels la publication, l'impression et le débit d'ouvrages clandestins, des contrefaçons, et des écrits qui troubleront l'ordre public.

ART. 18. L'administration de la liberté de la presse sera confiée à deux administrateurs généraux, dont l'un aura le *personnel* et l'autre le *matériel* (1).

Art. 19. L'administrateur chargé du personnel est chargé de la réception des candidats, conformément aux art. 14, 15 et 16 ci-dessus. Il est chargé, en outre, de veiller à ce que les lois et réglemens soient ponctuellement observés par tous les individus qui exercent des professions et métiers tenant à l'imprimerie, ou à ses produits, tels qu'ils sont désignés aux art. 14, 15 et 16 ci-dessus, auxquels il faut ajouter les ouvriers d'imprimerie, ceux pour la gravure en caractères d'imprimerie, et ceux pour la reliure et le brochage.

Art. 20. L'administrateur chargé du *matériel* est chargé de la censure, et de réaliser par la vente morcelée, au profit de l'administration et des dénonciateurs, les ouvrages clandestins qui ont été saisis et confisqués.

Quant à la saisie des contrefaçons ( ainsi que la saisie et confiscation des ouvrages clandestins a lieu sur les poursuites de l'administrateur chargé du personnel, en même

_____

(1) La création de deux administrateurs a plus d'un motif. D'abord il importe de prévenir le despotisme d'un seul dans une partie si délicate ; d'un autre côté, ils seront livrés à des fonctions importantes et actives qui exigent nécessairement deux chefs, comme on le verra.

temps qu'il poursuit les coupables), elles sont, lesdites contre-façons, saisies au profit de l'auteur ou du propriétaire, après l'avoir prévenu néanmoins avant d'agir, afin de savoir s'il n'aurait pas donné quelque consentement, ou s'il veut pour-suivre à sa requête, l'Administration ne pouvant agir qu'en la place des intéressés, et pour la saisie des exemplaires con-trefaits seulement, parce qu'elle ne saurait les laisser circuler librement dans le commerce. Néanmoins, dans les cas ur-gens, la saisie provisoire peut être faite de suite, sauf à pré-venir l'auteur ou le propriétaire ensuite : jusqu'à sa réponse, toute poursuite ultérieure est suspendue.

L'administrateur chargé du *personnel* peut poursuivre aussi la condamnation aux amendes et leur recouvrement, à défaut de partie civile; mais à l'auteur ou au propriétaire seul appartient l'action pour les dommages-intérêts.

### §. II. *Du Jury d'examen et d'accusation.*

Art. 21. Le jury est chargé de l'examen des aspirans à toutes les professions ou métiers qui dépendent de l'Impri-merie ou de ses produits, tels qu'ils sont indiqués au cha-pitre IV ci-dessus, *du Personnel.*

Art. 22. Il est chargé aussi d'examiner les preuves à charge et à décharge contre les mêmes individus qui sont accusés de délits susceptibles d'être punis correctionnellement ou crimi-nellement; et, dans le cas où il y a prévention, de les ac-cuser devant les tribunaux. Il est entendu que ceci ne s'étend qu'aux violations des lois et réglemens relatifs à l'Imprimerie-Librairie et à toutes les dépendances; et, en outre, qu'aux délits qui ne sont pas de nature à être réprimés par la cham-bre des prud'hommes. Le droit d'accusation ne peut être ex-clusif dans le jury.

Art. 23. L'administrateur chargé du personnel préside le jury.

Art. 24. Le jury est, de plus, le Conseil des deux adminis-trateurs généraux, qui peuvent lui soumettre l'examen de telles affaires ou de telles questions qu'ils croiront convenables. Lorsque les affaires où questions sont relatives aux attributions de l'administrateur chargé du matériel, celui-ci peut, s'il l'exige, présider le jury, en cas d'empêchement de l'autre administrateur ; mais, dans tout autre cas, le jury est présidé par un vice-président, lorsqu'il y a empêchement absolu de la part de l'administrateur du personnel.

Art. 25. Il y a un jury d'examen et d'accusation dans chaque ville siége d'une cour d'appel. Il sera composé à Paris de neuf membres, et dans les autres villes de six. Les membres en seront choisis par le Roi, par tiers, sur trois listes de candidats, chacune égale au nombre des membres dont devra être composé le jury, lesquelles listes seront fournies, savoir : à Paris, la première par la Chambre des Pairs, la seconde par la Chambre des Représentans, la troisième par l'Imprimerie-Librairie, de la manière qu'il est dit en l'art. 26 ci-après. Dans les autres villes, la première liste sera fournie par le Conseil de Préfecture du départemeut, la seconde par le Conseil municipal de la ville du siége d'appel, la troisième par l'Imprimerie-Librairie de l'arrondissement. Les Imprimeurs et Libraires établis hors la ville du siége, devront fournir leur vote par lettre, dans le délai de quinzaine. Le recensement des votes restera déposé à la préfecture, où il devra leur être communiqué toutes les fois qu'ils le demanderont.

§. III. *Des Prud'hommes.*

Art. 26. Il y a à Paris et dans toutes les villes au-dessus siége d'une cour d'appel, des prud'hommes à l'instar de ceux établis dans plusieurs villes du Royaume, lesquels sont chargés de réprimer les fautes et manquemens des protes, des correcteurs, des compositeurs, des ouvriers d'imprimerie, de la gravure en caractères d'imprimerie, des relieurs et brocheurs.

Art. 27. Les prud'hommes sont choisis par le Roi, sur une liste triple de candidats, présentée par l'assemblée de tous ceux qui tiennent, par leurs professions ou métiers, à l'imprimerie où à ses produits, et qui sont chefs de maison. Dans les maisons où il y a des associés, un seul peut se présenter à l'assemblée. Les Imprimeurs ou Libraires fixés hors le chef-lieu du siége d'appel enverront leurs votes écrits dans le délai de quinzaine après l'avis qu'ils en auront reçu.

Art. 28. La chambre des prud'hommes est présidée à Paris par l'administrateur chargé du personnel, et dans les autres villes où il y en a, par l'inspecteur de la liberté de la presse du département.

### §. IV. *De la Censure.*

Art. 29. La censure est facultative. Celui qui voudra publier ou faire imprimer son opinion, et dont l'ouvrage sera revêtu de l'approbation de la censure, n'encourt aucune responsabilité relativement à l'ordre public. Mais il reste toujours responsable des calomnies ou injures contre les personnes, soit fonctionnaires, ou simples particuliers.

Art. 30. Celui dont l'ouvrage a passé à la censure sans être approuvé, s'il le publie, ou le fait imprimer, en reste responsable purement et simplement.

Art. 31. Il sera accordé des récompenses à ceux qui auront publié les meilleurs ouvrages de morale, de morale-politique, d'agriculture, etc., et qui auront le mieux réfuté, *censuré* les mauvais écrits qui pourraient être publiés, c'est-à-dire prémuni les citoyens contre leurs maximes dangereuses. Ces récompenses seront décernées chaque année au chef-lieu de la préfecture, le jour de la fête de Saint-Louis.

### §. V. *Des Inspecteurs départementaux.*

Art. 32. Les inspecteurs de la liberté de la presse dans les départemens réunissent les attributions des deux administrateurs, et les exercent sous leurs ordres respectifs. L'inspection reste sur le pied où elle est établie, quant aux lieux de résidence, sauf les modifications que les deux administrateurs généraux croient devoir y apporter de concert.

Art. 33. Les inspecteurs fournissent tous les ans au Roi, à la Chambre des Pairs, à celle des Représentans et aux Ministres, le tableau de l'esprit public, du progrès des sciences, des arts, dans leur ressort. L'impression peut en être ordonnée par la puissance législative.

# AVIS ESSENTIEL.

---

Au moment où l'on finissait l'impression de la première édition de cet Ouvrage, parut le Projet de loi présenté par le Roi à la Chambre des Représentans, dans la séance du 5, relatif à la *liberté de la presse*.

Des personnes qui avaient lu le Projet de la nouvelle loi avant moi, m'assurèrent, et je crus un moment *sur leur assertion*, que l'esclavage de la presse serait pis que jamais. Je lus le Projet, et je vis que c'était une erreur : j'y vis de nouvelles preuves du retour du Père de la Patrie. Combien mon cœur, qui aime à n'avoir que des témoignages de grâces à lui rendre, en fut satisfait!

D'abord, tous les ouvrages au-dessus de *trente* feuilles d'impression sont exempts de la censure, c'est déjà beaucoup pour la liberté des auteurs et celle du commerce de la librairie, si odieusement traversé sous le règne obscurant de Buonaparte! Mais cela ne touche guère, il faut l'avouer, la liberté de la Presse en politique.

En second lieu, je retrouve avec satisfaction dans le Projet de loi plusieurs des dispositions que renferme celui (*communiqué* à la censure) qui termine cet Ouvrage. J'y propose :

1°. La *censure facultative*, en place de la censure impérative. — Adopté pour les ouvrages au-dessus de vingt feuilles.

2°. De ne permettre l'exercice des *professions d'imprimeur*, de *libraire*, de *relieur* et de *brocheur*, qu'avec un brevet, pour l'obtention duquel on devra justifier des capacités et moralité nécessaires pour garantir la liberté de la presse d'abus, et assurer par-là cette précieuse liberté — Adopté pour les Imprimeurs et les Libraires.

Mais croit-on la mesure moins nécessaire pour s'assurer des capacités et moralité des relieurs et brocheurs, chefs de maison? Ne sait-on pas que l'ouvrier inepte ou mal famé est précisément l'agent propagateur des écrits *clandestins*, suspects de leur seule nature? Tout ce qui tient à l'Imprimerie et à ses produits est important, délicat, rien ne doit en être négligé; c'est le moyen le plus sûr pour *prévenir*. Mais si vous frappez les écrits, combien d'erreurs, d'injustices, d'attentats involontaires même, à la liberté et à la propriété individuelles! combien de *punitions* non méritées! Vous vous exposez à de fréquentes violations de cette maxime conservatrice, *il vaut mieux innocenter cent coupables que de punir un innocent* : et vous troublez l'ordre public d'autant, tenez-le bien pour certain !

3°. D'établir dans l'*administration de la liberté de la presse* un JURY D'EXAMEN ET D'ACCUSATION et un CONSEIL DE PRUD'HOMMES ; le premier, pour juger de la capacité des aspirans aux professions et métiers dépendans de l'Imprimerie et de ses produits, et pour poursuivre les délits des *Imprimeurs* et *Libraires* infracteurs des réglemens ; et les prud'hommes, pour juger des fautes des *ouvriers* qui sont ordinairement de la compétence de ce respectable tribunal. — Adopté pour la faculté de punir.

Mais par qui punir ? Prenons garde de ne pas organiser l'arbitraire le plus dangereux ! J'ai proposé de mettre dans l'Administration la faculté de punir, oui ; mais pour quels cas, et comment ? Pour des cas très-restreints, pour éviter de créer un *tribunal extraordinaire* ! et cela, par des juges nommés par le Roi, avec des *formes libérales*. Pour tous les autres cas, l'Administration ne ferait que provoquer la punition devant les tribunaux ordinaires : dépassant ces bornes, elle deviendrait un tribunal extraordinaire, odieux à la Nation, en horreur aux yeux de l'Histoire.

Croit-on que toutes ces précautions, pour *prévenir* les délits de la presse, n'auraient pas plus d'efficacité que la censure impérative ? Ces précautions, pour *prévenir* les délits, auraient au moins l'avantage de n'être pas inconstitutionnelles. La Charte constitutionnelle distingue-t-elle ? On ne peut distinguer là où la loi ne distingue pas. Pour tous les cas, elle n'assujettit qu'à se conformer aux lois qui *répriment* les délits contre la liberté de la presse. Ces lois sont parfaites dans le Code pénal.

C'est donc à ces lois seules qui *répriment* ou *punissent* (car ces deux termes sont les mêmes en droit) que la Charte royale se réfère ; et non point conséquemment, et c'est d'une conséquence irrésistible, aux lois qui *préviennent* les délits, ou plutôt qui ont pour but illusoire, dangereux, contradictoire, de les *prévenir*, comme les décrets de Buonaparte pour la *censure*, qui, d'un côté, est le tombeau certain de la liberté de la presse, et, de l'autre, la source non moins certaine et inévitable de la licence de la presse !...

Ou il faut remplacer, dans la Charte, le mot *réprimer* par celui de *prévenir*, ou le maintien de la censure *impérative* est le renversement de la Charte !!...... On ne peut trop faire attention à l'explication que Louis XVI a donnée lui-même du mot *réprimer* ; lorsque ce Roi, de respectable mémoire, accepta la Constitution de 1791, il entendit expressément par *réprimer* la licence des écrits, la *punir*, ce qui est décisif, assurément (V. ci-dessus, pag. 137). Décemment, peut-on l'entendre autrement que Louis XVI, autrement que le Dictionnaire de la Langue? Est-ce ainsi qu'on chérit la mémoire de ce sage Roi, et qu'on se respecte? On foule ses maximes aux pieds, au lieu de lui élever un temple!....

D'ailleurs, détruire la liberté de la presse pour les écrits au-dessous de vingt feuilles, c'est la détruire entièrement en politique. Les écrits substantiels, à la portée de tout le monde, propres à être répandus, ne peuvent qu'être au-dessous de vingt feuilles. Par-là donc se trouveraient réellement détruits à-la-fois la Charte royale et les bienfaits de la liberté de la presse en politique.

Si l'on envisage sérieusement les conséquences, on verra que rien n'est capable de les contre-balancer.

Paris, ce 25 Août 1814.

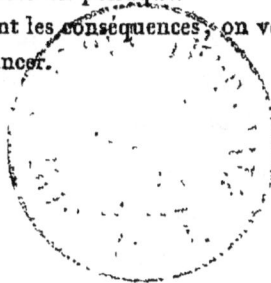

# FIN.

# TABLE DES MATIERES.

PRÉFACE.                                            page   7

## PREMIÈRE PARTIE.

*Qu'est-ce que la Liberté de la Presse?*              II

## SECONDE PARTIE.

*La puissance de la Liberté de la presse appliquée à la
politique, à la liberté individuelle, au respect des propriétés, au bonheur général.*                       23

SECTION Ire. *Application de la Puissance de la Liberté de
la Presse à la politique*                            24

CHAP. Ier. *A la théorie Constitutionnelle.*         25

CHAP. II. *A quelques dispositions Constitutionnelles.*    27

CHAP. III. *A quelques dispositions de la Charte constitutionnelle.*    31

CHAP. IV. *Application de la Puissance de la Liberté de la Presse à
l'exécution de la Constitution.*                     72

§ Ier. *A l'exécution en général.*                   73

§ II. *A quelques branches de l'exécution.*          76

SECTION II. *Application de la Puissance de la Liberté de
la Presse à la Liberté individuelle.*               88

CHAP. Ier. *Délits.*                                 92
§ Ier. *Délits politiques.*                          id.
§ II. *Délits privés.*                               94

CHAP. II. *Les Mœurs.*                               id.
§ Ier. *Mœurs publiques et privées.*                 94
§ II. *Mœurs des fonctionnaires.*                    95

SECTION III. *Application de la Puissance de la Liberté de
la Presse au respect des propriétés.*               id.

CHAP. Ier. *Propriétés publiques.*                   96
§ Ier. *Propriétés publiques immatérielles.*         97

§ II. *Propriétés publiques matérielles.*    98

CHAP. II. *Propriétés individuelles.*    99

§ Ier. *Propriété des Grands.*    101

§ II. *Propriétés des Particuliers.*    102

## TROISIÈME PARTIE.

*Considération de la Puissance de la Liberté de la Presse, relativement au Bonheur général.*    104

SECTION Ire. *De quoi se compose le Bonheur général.* 105

SECTION II. *Appliquer la Puissance de la Liberté de la presse à ces objets, c'est l'appliquer au Bonheur général, la cause et la fin de toute société.*    id.

CHAP. Ier. *Interprétation de l'article 8 de la Charte constitutionnelle déduite des principes précédens.*    113

CHAP. II. *Projet d'organisation de l'Administration de la Liberté de la Presse.*    132

Loi *à ce sujet.*    139

Avis essentiel.    148

FIN DE LA TABLE.